Margarita Stolarova • Sabina Pauen

Prüfungstrainer zur Entwicklungspsychologie im Kindes- und Jugendalter

Lernhilfe-Begleitbuch zum Lehrbuch

Margarita Stolarova
Abteilung Kinder und Kinderbetreuung
Deutsches Jugendinstitut e.V.
München, Deutschland

Sabina Pauen
Psychologisches Institut
Universität Heidelberg
Heidelberg, Deutschland

Zusätzliches Material zu diesem Buch finden Sie auf http://www.lehrbuch-sychologie.springer.com

ISBN 978-3-662-59391-2 ISBN 978-3-662-59392-9 (eBook)
https://doi.org/10.1007/978-3-662-59392-9

Die Deutsche Nationalbibliothek verzeichnet diese Publikation in der Deutschen Nationalbibliografie; detaillierte bibliografische Daten sind im Internet über ► http://dnb.d-nb.de abrufbar.

Springer

Springer ist ein Imprint der eingetragenen Gesellschaft Springer-Verlag GmbH, DE und ist ein Teil von Springer Nature.
Die Anschrift der Gesellschaft ist: Heidelberger Platz 3, 14197 Berlin, Germany

Ihr Bonus als Käufer dieses Buches

Als Käufer dieses Buches können Sie kostenlos unsere Flashcard-App „SN Flashcards“ mit Fragen zur Wissensüberprüfung und zum Lernen von Buchinhalten nutzen.
Für die Nutzung folgen Sie bitte den folgenden Anweisungen:

1. Gehen Sie auf **https://flashcards.springernature.com/login**
2. Erstellen Sie ein Benutzerkonto, indem Sie Ihre Mailadresse angeben, ein Passwort vergeben und den Coupon-Code einfügen.

Ihr persönlicher „SN Flashcards“-App Code 6177D-6C7EF-2C749-FE176-087DE

Sollte der Code fehlen oder nicht funktionieren, senden Sie uns bitte eine E-Mail mit dem Betreff „**SN Flashcards**“ und dem Buchtitel an **customerservice@springernature.com**.

Vorwort

Den Anstoß zu diesem Prüfungstrainer verdanken die Autorinnen ihren Studierenden, insbesondere den Psychologiestudierenden der Universität Konstanz, die im Sommersemester 2015 die Vorlesung „Entwicklungspsychologie des Kindesalters" besucht haben und von Dr. Stolarova unterrichtet wurden. Sie stehen mit ihren Fragen, ihren Sorgen, ihren Bedürfnissen und ihren Zielen stellvertretend für viele Studierende an unterschiedlichen Hochschulen und in verschiedenen Fachrichtungen.

Vom ersten Vorlesungstag an schwebte die Prüfung über ihnen, und bohrende Fragen standen im Raum: „Was kommt in der Prüfung dran? Was muss ich genau wissen, um zu bestehen? Sind die Präsentationsfolien aus der Vorlesung ausreichend? Muss ich das *ganze* Buch lesen? Muss ich das alles auswendig lernen? Kommen auch Aspekte in der Prüfung dran, die in der Vorlesung gar nicht besprochen wurden? Was ist mit den ergänzenden Quellen und Inhalten, die nicht im Buch vorhanden sind, aber besprochen wurden – sind diese ebenfalls prüfungsrelevant? Was ist, wenn ich die Prüfung nächstes Semester ablege – kommt dann dasselbe dran, wie jetzt?"

Auch der Dozentin stellten sich drängende Fragen: Was tun mit einer wunderbaren Gruppe von jungen Menschen, von denen manche genuin an den Inhalten interessiert, andere sehr auf den eigenen Prüfungserfolg bedacht, wiederum andere ein wenig zu gelassen zu sein scheinen? Wie kann man am besten sicherstellen, dass möglichst viele von ihnen einen guten Zugang zum Lerngebiet erhalten und sich solides Wissen erarbeiten?

Dozenten denken oft, ein gutes Lehrbuch als Grundlage der Vorlesung – ergänzt um Originaltexte, Forschungsliteratur und das eine oder andere Lehrvideo – seien völlig ausreichend für die Wissensvermittlung. Wie selbstverständlich gehen sie davon aus, dass Inhalte verstanden und auf gar keinen Fall nur auswendig gelernt werden sollten.

Doch im Normalfall läuft es anders: Viele Studierende erscheinen zwar regelmäßig zur Vorlesung, aber sie bereiten die einzelnen Sitzungen nicht unbedingt vor oder nach. So kommt es, dass sie gegen Ende des Semesters, wenn die Prüfung naht, immer panischer werden und sich in ihren sonst so neugierig-freundlichen Augen verstärkt Unverständnis und Unsicherheit spiegeln.

Der Fragenkatalog, der dem vorliegenden Prüfungstrainer zugrunde liegt, entstand als didaktisches Werkzeug in Zusammenarbeit zwischen den Studierenden und Dozierenden: Er sollte Klarheit schaffen und der Angst vor der Abschlussprüfung entgegenwirken. Er sollte Lernlust wecken, systematisches, selbstwirksames, nachhaltiges Lernen ermöglichen und den Studierenden die Verantwortung für den eigenen Lernerfolg zurückgeben. Er sollte Bezüge schaffen zwischen den Inhalten in der Entwicklungspsychologie und anderen Studienfächern, aber auch zwischen dem Lernen an der Universität und dem Leben außerhalb.

Während des Semesters wurden Woche für Woche neben der ergänzenden Literatur, den Vorlesungspräsentationen und anderen Quellen auch mögliche Prüfungsfragen online zur Verfügung gestellt. Die Studierenden wussten, dass sie, wenn sie diesen Fragenkatalog systematisch durcharbeiteten, mehr als genug gelernt haben würden, um die Prüfung zu bestehen. Sie verstanden auch: Auswendiglernen ergibt bei dieser Menge an Lernstoff wenig Sinn.

So etablierten die Studierenden von sich aus eine kleine Besprechungsrunde im Anschluss an die einzelnen Vorlesungseinheiten, in denen Fragen und Antworten diskutiert und um Inhalte gerungen wurde. Schnell bildeten sich Lerngruppen, Skripte entstanden, Antwortvariationen kursierten über Social-Media-Gruppen und E-Mail-Verteiler. Und eines war sicher: Sie hatten nicht nur angefangen zu lernen, sie waren nun auch so weit, kritisch über die Inhalte nachzudenken, diese zu hinterfragen und weiterzuentwickeln.

Bereits in dieser ersten, vorläufigen Fassung war der Fragenkatalog ein Erfolg: Die Studierenden und auch ihre Dozentin begriffen ihn als Gelegenheit zur Diskussion, als Werkzeug zum systematischen Erarbeiten der Lerninhalte auf der Grundlage eines guten Lehrbuches, ergänzt um eigene Schwerpunkte und Originalliteratur. Dass aus diesem vorläufigen Fragenkatalog der vorliegende Prüfungstrainer geboren wurde, verdanken die Autorinnen einer Reihe von studentischen und wissenschaftlichen Hilfskräften, die über die Jahre akribisch daran mitwirkten.

An der Universität Konstanz unterstützten Sarah Möller und Aenne Brielmann, am Deutschen Jugendinstitut Daniela Kiem, Cornelia Kreß von Kreßenstein und Julia Brielmaier das Projekt. Seitens des Springer-Verlags wurde die Publikation durchgängig von Marion Krämer und Judith Danziger wohlwollend und konstruktiv begleitet. Und den Feinschliff verdanken die einleitenden und abschließenden Textbausteine dem kritischen Blick von Jörg Lackner.

Den Studierenden und Dozierenden, die dieses Werk nutzen, wünschen wir viel Erfolg und viel Freude damit.

München und Heidelberg
Juni 2019

Margarita Stolarova
Sabina Pauen

Hinweise zur Handhabung des vorliegenden Prüfungstrainers

▪ Hinweise für Lernende

Dieser Prüfungstrainer ist als Lernhilfe gedacht, um das systematische, eigenständige Erarbeiten und Festigen des Inhaltes des Lehrbuches *Entwicklungspsychologie im Kindes- und Jugendalter* zu erleichtern. Wenn Sie die Fragen gezielt durcharbeiten und die vielfältigen Möglichkeiten zur Wiederholung, zur Selbstüberprüfung und zur Diskussion, z. B. in Lerngruppen, nutzen, erwerben Sie verlässlich abrufbares Wissen. Sie können Bezüge zu anderen Themenbereichen herstellen und üben den Transfer von Wissen in Handlungskompetenzen. So können Sie gelassen den Prüfungsformaten entgegensehen, die auf den Inhalten des Lehrbuches basieren. Und was vielleicht noch wichtiger ist: Sie lernen auf diese Weise nachhaltig und können die Inhalte des Lehrbuches in unterschiedlichen Kontexten nutzen. In Absprache mit den Dozierenden können auf der Grundlage des Prüfungstrainers auch konkrete Prüfungsinhalte abgeleitet werden. Ihr persönlicher Lernerfolg hängt jedoch nicht davon ab.

Lernende, gerade zu Beginn eines Studiums oder einer Ausbildung, fragen sich häufig: „Wie viel muss ich wissen? Wie soll ich das (alles) lernen? Muss ich es auswendig können? Und woher weiß ich, ob ich den Lernstoff bereits gut genug beherrsche? Werde ich die Prüfung bestehen?" Der vorliegende Prüfungstrainer kann Ihnen dabei helfen, die auf Ihre Situation passenden Antworten zu finden. Die Inhalte der einzelnen Kapitel lassen sich ganz individuell im Selbststudium oder im Rahmen von Lerngruppen erarbeiten, wiederholen und vertiefen.

Wenn Sie arbeitsteilig Skripte erstellen, bleiben Sie stets kritisch und vorsichtig: Es soll bereits vorgekommen sein, dass ganze Prüfungskohorten denselben Fehler in einer Prüfung gemacht haben, der sich nachfolgend auf ein fehlerhaftes Skript zurückführen ließ. Arbeitsteilige Skripterstellung kann gut, hilfreich und auch zeitsparend sein. Sich blind auf die Richtigkeit zu verlassen, wäre aber nicht klug, sondern fahrlässig.

Und wenn wir schon bei Fehlern sind: Weder dieser Prüfungstrainer noch das dazugehörige Lehrbuch dürften ganz frei von Fehlern sein. Beide werden jeweils aktualisiert und verbessert immer wieder neu aufgelegt. Der Verlag und die Herausgeberinnen wären Ihnen für freundliche Hinweise auf Fehler sehr dankbar. Bitte wenden Sie sich an Dr. Margarita Stolarova (stolarova@dji.de) oder Marion Krämer (marion.kraemer@springer.com).

Die vorliegenden Fragen des Prüfungstrainers orientieren sich eng an den einzelnen Kapiteln des Buches. Wenn möglich verweisen wir auf Seiten im Buch, auf denen Sie Antworten finden können, aber es gibt auch an anderen Stellen weitere Teilantworten. Suchen Sie beim Lesen gezielt danach und ergänzen Sie die Angaben. Bei manchen Fragen fehlen die Seitenangaben, und Sie werden auf einzelne Fragen stoßen, deren Antworten sich nicht oder nicht vollständig im Lehrbuch finden lassen. Hierbei handelt es sich oft um Fragen, die Ihnen den Transfer zu anderen Themenbereichen, beispielsweise zu anderen Teilgebieten der Psychologie oder Pädagogik, ermöglichen sollen. Oder es geht um Fallvignetten, die Ihnen kompetenzorientiertes Lernen und den Transfer in die Praxis erleichtern sollen. Scheuen Sie sich nicht vor diesen Fragen. Suchen Sie aktiv nach Antworten, diskutieren Sie, denken Sie nach und hören Sie nicht auf, selbst kritische Fragen zu stellen.

Hinweise für Lehrende

Dozierende, die das Lehrbuch *Entwicklungspsychologie im Kindes- und Jugendalter* als Grundlage ihrer Veranstaltung nutzen, finden in dem vorliegenden Prüfungstrainer eine sinnvolle Ergänzung hierzu. Dieser Prüfungstrainer kann und soll an eigene Schwerpunkte angepasst und um eigene Inhalte sowie didaktische Zugänge erweitert werden. Einzelne Fragen können beispielsweise zur gezielten Wiederholung von Lernstoff eingesetzt, ganze Kapitel im Rahmen von Tutorien genutzt werden. Und eine eigene Version des Prüfungstrainers kann zur gezielten Prüfungsvorbereitung und auch zur Klausurerstellung hilfreich sein.

Der Prüfungstrainer zielt auch darauf ab, Lehrenden – gerade zu Beginn ihrer Unterrichtskarriere – ein effektives und effizientes Unterrichten zu ermöglichen. Er muss dabei aktiv an den eigenen Lehrkontext angepasst werden: Studierende der Psychologie werden beispielsweise andere Bezüge brauchen als Studierende der Kindheitspädagogik oder der sozialen Arbeit. Lehrbuch und Prüfungstrainer müssen als Vertiefung anders eingesetzt werden als zur Erarbeitung von Grundlagen, Bachelor-Studierende ohne Vorkenntnisse werden eine andere Anleitung brauchen als Master-Studierende.

In Grundlagenveranstaltungen, in denen die große Menge an Lernstoff erdrückend erscheinen kann, hilft es, auf konkrete Möglichkeiten des eigenständigen Erarbeitens und Wiederholens zu verweisen. Studierenden fällt es manchmal schwer zu verstehen, dass auch diejenigen Inhalte eines Lehrbuches, die in der Lehrveranstaltung nicht direkt zur Sprache kommen, (prüfungs-)relevant sein können. Dozierende wollen und sollen nicht die Anforderungen senken, sondern dafür sorgen, dass Lernenden die Rahmenbedingungen geboten werden, um auf hohem Niveau sowohl Wissen als auch Kompetenzen erwerben zu können.

Lehrende können Lernenden die Angst vor dem Unbekannten nehmen und selbstwirksames, effektives Lernen ermöglichen. Dieses Anliegen unterstützt der vorliegende Prüfungstrainer. Er hilft dabei, den Lernstoff klar zu definieren und mögliche Inhalte und Aufgabenformate für anstehende Prüfungen anhand konkreter Beispiele aufzuzeigen.

Der Prüfungstrainer kann auch als Diskussionsgrundlage, als Ausgangspunkt für studentische Referate und Hausarbeiten oder als Anregung zum Verfassen eigener Lern- und Prüfungsfragen dienen. Und wie oben kurz erläutert: Fehlerfrei wird diese erste Auflage vermutlich nicht sein. Sie ist gewiss auch erweiterbar. Die Autorinnen planen zu jeder neuen Auflage des Lehrbuches auch einen aktualisierten, erweiterten und verbesserten Prüfungstrainer vorzulegen: Wir würden uns über Ihre konstruktive Kritik und Hinweise sehr freuen. Bitte wenden Sie sich an Dr. Margarita Stolarova (stolarova@dji.de) oder Marion Krämer (marion.kraemer@springer.com).

.ernmaterialien zum *Prüfungstrainer zur :ntwicklungspsychologie im Kindes- und 'ugendalter* im Internet – vww.lehrbuch-psychologie.springer.com

- **Zum Lernen, Üben und Vertiefen – das Lern-center:** Zum Lernen und Selbsttesten – und diversen Extras
- **Kostenlos für Leser:** Fragen und Antworten in der Springer Nature Flashcard-App

'eitere Websites unter ▶ www.lehrbuch-psychologie.springer.com

- Kapitelzusammenfassungen
- Karteikarten: Überprüfen Sie Ihr Wissen
- Glossar mit über 400 Fachbegriffen
- Leseprobe
- Dozentenmaterialien: Abbildungen und Tabellen

- Vollständige Kapitel im MP3-Format zum kostenlosen Download
- Lehr-Videos: Informativ und unterhaltsam
- Glossar mit über 250 Fachbegriffen
- Karteikarten und Prüfungsquiz
- Foliensätze sowie Tabellen und Abbildungen für Dozentinnen und Dozenten zum Download

Inhaltsverzeichnis

Die Entwicklung von Kindern: Eine Einführung

M. Stolarova, S. Pauen, *Prüfungstrainer zur Entwicklungspsychologie im Kindes- und Jugendalter*,
https://doi.org/10.1007/978-3-662-59392-9_1

1.1 Offene Fragen

Kindesentwicklung

1. Nennen Sie drei Hauptgründe für die Erforschung der Kindesentwicklung. [S. 3–6]
2. In dem Lehrbuch *Entwicklungspsychologie im Kindes- und Jugendalter* sind sieben Leitfragen zur Kindesentwicklung aufgeführt. Nennen Sie diese und beschreiben Sie drei davon ausführlich. [S. 8–18]
3. Definieren Sie den Begriff „soziokultureller Kontext“ und geben Sie zwei Beispiele für unterschiedliche soziokulturelle Kontexte. [S. 15–17]

Methoden

4. Was unterscheidet eine wissenschaftliche Hypothese von einer Vermutung? [S. 19]
5. Welche vier Schritte müssen bei der wissenschaftlichen Methode beachtet werden? Geben Sie für jeden Schritt jeweils ein konkretes Beispiel. [S. 19 f.]
6. Definieren Sie die Begriffe „Reliabilität“ und „Validität“ und nennen Sie zu diesen jeweils ein Beispiel aus der Entwicklungspsychologie. [S. 20 f.]
7. Wie unterscheiden sich die Methoden der Feldbeobachtung und der strukturierten Beobachtung voneinander? Welche Vor- und Nachteile haben diese jeweils? [S. 22–24]
8. Was ist der Unterschied zwischen korrelativen und kausalen Zusammenhängen? Welche Art wird in der Entwicklungspsychologie häufiger untersucht und warum? [S. 24–27]
9. Weshalb reichen Korrelationen nicht aus, um auf Ursache-Wirkungs-Beziehungen zu schließen? Welche Designs sind stattdessen heranzuziehen?
10. Geben Sie jeweils ein Beispiel für eine korrelative und eine kausale Beziehung zwischen zwei Variablen. [S. 24–27]
11. Warum ist die Korrelation zwischen zwei Variablen kein Beleg dafür, dass diese in einer kausalen Beziehung zueinander stehen? Geben Sie ein konkretes Beispiel für eine hohe Korrelation bei fehlendem kausalem Zusammenhang zwischen zwei Variablen. [S. 24–26]

Entwicklungspsychologie im Kontext: Manche Fragen sind spezifisch im Kontext eines Psychologiestudiums zu verstehen. Wenn Sie dieses Lehrbuch in anderen Kontexten nutzen, passen Sie die Fragen eigenständig daran an.

12. Was versteht man unter einer *Randomisierung* und warum ist diese in der empirischen Entwicklungspsychologie wichtig? [S. 26 f.]
13. Definieren Sie den Gegenstand der Entwicklungspsychologie. [S. 2, 6–8]
14. Welche Unterschiede und welche Gemeinsamkeiten sehen Sie zwischen den Teilgebieten „Entwicklungspsychologie“ und „Sozialpsychologie“?

15. Nennen Sie jeweils zwei Vor- und Nachteile von Korrelations- und von Experimentaldesigns. [S. 28]
16. Beschreiben Sie eine Ihnen bekannte, klassische Studie zur kindlichen Entwicklung und nennen Sie deren Ziele. Benennen und beschreiben Sie das Forschungsdesign. [S. 19 ff.]

1.2 Multiple Response

17. Bei einem mikrogenetischen Design werden [S. 29 f.]
    a. zwei oder mehrere Gruppen von Kindern mit unterschiedlicher ethnischer Herkunft untersucht.
    b. dieselben Kinder innerhalb eines kurzen Zeitraumes wiederholt untersucht.
    c. geringe Abweichungen der genetischen Anlage von Kindern untersucht.
    d. Embryonen im Mutterleib untersucht.
18. Welche Aussage(n) trifft/treffen auf Querschnittstudien zu? [S. 28]
    a. In Querschnittstudien werden Kinder über längere Zeit wiederholt untersucht.
    b. In Querschnittstudien sind Altersunterschiede häufig damit konfundiert, dass die unterschiedlich alten Kinder auch unterschiedlichen Kohorten angehören.
    c. In Querschnittstudien werden Kinder unterschiedlichen Alters zu einem Zeitpunkt untersucht.
    d. Querschnittstudien erlauben keine Aussagen über die Stabilität individueller Unterschiede im Zeitverlauf.
19. Welche Aussage(n) trifft/treffen auf Längsschnittstudien *nicht* zu? [S. 28 f.]
    a. In Längsschnittstudien werden Kinder über längere Zeit wiederholt untersucht.
    b. In Längsschnittstudien werden Kinder unterschiedlichen Alters zu einem Zeitpunkt untersucht.
    c. Längsschnittstudien zeigen das Ausmaß der Stabilität und der Veränderung über längere Zeiträume an.
    d. Längsschnittstudien sind schnell und leicht durchzuführen.

Lerntipp: Versuchen Sie, zu verstehen und nicht auswendig zu lernen. Geschlossene Fragen, bei denen alle und keine Option richtig sein können, helfen Ihnen dabei.

20. Werden Anreize, die für die psychische und körperliche Entwicklung eines Kindes notwendig sind, entzogen, sprechen wir von [S. 5]
    a. Depression.
    b. Deprivation.
    c. Desillusion.
    d. Destillation.

21. Welche Eigenschaft gibt an, ob die gemessenen Effekte tatsächlich auf die gezielt manipulierten Variablen zurückzuführen sind?
    a. Externe Validität
    b. Interrater-Reliabilität
    c. Interne Validität
    d. Test-Retest-Reliabilität

1.3 Richtig oder falsch?

Manchmal sind Richtig-falsch-Fragen absichtlich etwas irreführend formuliert, damit Sie zum Nachdenken animiert werden.

22. Die Beschäftigung mit den Determinanten kindlicher Entwicklung begann im Zeitalter der Renaissance. [S. 6 f.]
    - richtig
    - falsch
23. Experimentelle Studien mit Kindern, die die Wirksamkeit bestimmter Interventionen überprüfen sollen, benötigen keine Kontrollgruppe. [S. 27]
    - richtig
    - falsch
24. Das Verhalten, auf das sich die unabhängige Variable hypothesengemäß auswirken soll, wird als abhängige Variable bezeichnet. [S. 27]
    - richtig
    - falsch
25. Ein Vorteil naturalistischer Beobachtung liegt darin, dass das kindliche Verhalten in verschiedenen Situationen kontrolliert verglichen werden kann. [S. 28]
    - richtig
    - falsch
26. Entwicklung im Sinne der Entwicklungspsychologie bezeichnet jede Veränderung, solange sie das Erleben und Verhalten von Menschen betrifft. [S. 8–19]
    - richtig
    - falsch

1.4 Zur Vertiefung

- **Vertiefende Literatur**
  - Hussy, W., Schreier, M., Echterhoff, G. (2010). *Forschungsmethoden in Psychologie und Sozialwissenschaften für Bachelor.* Heidelberg, Berlin: Springer.

- **Vertiefende Originalliteratur**
  - Rousseau, J.-J. (2003). *Emil oder Über die Erziehung* (13. Aufl.). Stuttgart: Schöningh UTB. [Aufgabe 1.22]

- **Perspektivwechsel (kritische Psychologie)**
  - Markard, M. (2017). Der psychologische „Mainstream" und seine qualitativ orientierte Kritik. In: A. Brenssell, K. Weber (Hrsg.), *Psychologie I. Theorien und Begriffe*. Hamburg: Argument. [Aufgabe 1.23]

- **Kennen Sie die DGPs? Nein? Hierbei handelt es sich um die „Deutsche Gesellschaft für Psychologie", kurz: DGPs.**
  - Die DGPs fördert und entwickelt die Psychologie als Wissenschaft weiter. Außerdem hält sie eine Menge nützlicher Informationen für Studierende der Psychologie bereit. Sie finden unter folgendem Link auch Beispiele für die unterschiedlichen Berufsfelder von Psychologen sowie wissenschaftliche Grundsätze für die Forschung: ► https://www.dgps.de/.

Pränatale Entwicklung, Geburt und das Neugeborene

M. Stolarova, S. Pauen, *Prüfungstrainer zur Entwicklungspsychologie im Kindes- und Jugendalter*,
https://doi.org/10.1007/978-3-662-59392-9_2

2.1 Offene Fragen

Pränatale Entwicklung

1. Erklären Sie den Begriff „Präformation". [S. 39]
2. Die pränatale Entwicklung wird grob in drei Phasen unterteilt. Benennen Sie diese, geben Sie jeweils den ungefähren Zeitraum an und beschreiben Sie kurz, welche Entwicklungsschritte jeweils vollzogen werden. [S. 40–42]
3. Was versteht man unter *Apoptose*? Warum ist diese in der pränatalen Entwicklung wichtig? [S. 43]
4. Es gibt vier wesentliche Entwicklungsprozesse, die den pränatalen Veränderungen zugrunde liegen. Benennen Sie diese und beschreiben Sie alle vier kurz und prägnant. Geben Sie jeweils ein konkretes Beispiel für die möglichen Auswirkungen dieser Prozesse. [S. 41–43]
5. Was versteht man unter *phylogenetischer Kontinuität*? [S. 43]
6. In Gesetzestexten findet man häufig die Angabe „Alter ab Nidation", während Mediziner meistens von „Schwangerschaftswochen (SSW)" sprechen. Ab welchem Zeitpunkt wird jeweils das Alter eines Fötus berechnet, und wie viele Wochen beträgt der Unterschied zwischen den beiden Altersangaben ungefähr? [S. 44]
7. Was ist *Habituation* im Sinne der experimentellen Entwicklungspsychologie? Beschreiben Sie ein Habituationsstudiendesign. Welche konkrete Fragestellung soll damit beantwortet werden? [S. 48 f.]
8. Die Plazenta ist ein wichtiges Unterstützungsorgan bei der pränatalen Entwicklung. Welche Funktionen erfüllt sie? [S. 44 f.]
9. Welche zwei Schlafzustände zeigt das Neugeborene? Wie unterscheiden sich diese voneinander, und welche Funktionen werden ihnen jeweils zugeschrieben? [S. 61–63]
10. Welche sechs Aktivierungszustände zeigen Neugeborene? [S. 60]
11. Definieren Sie die Begriffe „Risiko" und „Resilienz" in Bezug auf die kindliche Entwicklung. [S. 2 f., 50–58, 69 f.]
12. Wie konnte durch Forschungserkenntnisse das Wohlergehen von untergewichtigen Neugeborenen verbessert werden? [S. 68]

2.2 Multiple Response

13. Föten nutzen die Zeit im Mutterleib, um vielfältige, für die Zeit nach der Geburt wichtige, Funktionen einzuüben. Um welche handelt es sich? [S. 47]
    a. Schlucken
    b. Verdauen und Ausscheiden

c. Bewegung und Koordination
d. Atmung

14. Zu den im Mutterleib erworbenen Fähigkeiten gehören unter anderem [S. 48 ff.]
   a. die Fähigkeit, in der Melodie der eigenen Muttersprache zu schreien.
   b. die Unterscheidung der mütterlichen Stimme und der Melodie der Muttersprache.
   c. die Präferenz für klassische Musik oder für Pop-Musik.
   d. konkrete, teilweise erfahrungsabhängige Geruchs- und Geschmackspräferenzen.

15. Neuere wissenschaftliche Studien zeigen, dass [S. 54]
   a. geringe Mengen Alkohol während der Schwangerschaft keine nachteiligen Entwicklungseffekte für das Baby haben, wenn sie zur Entspannung der werdenden Mutter beitragen.
   b. Frauen, die viel rauchen, sich das Rauchen ganz allmählich im Verlauf des ersten Trimesters abgewöhnen sollten, um den Embryo nicht den Risiken eines Nikotinentzugs auszusetzen.
   c. Passivrauchen keine Auswirkungen auf die Sauerstoffversorgung des ungeborenen Kindes hat.
   d. das Rauchen der Eltern während und nach der Schwangerschaft die Gefahr des plötzlichen Kindstods um ein Vielfaches erhöht.

Manchmal können Sie sich auf den gesunden Menschenverstand verlassen, häufig jedoch auch nicht. Überprüfen Sie Ihre Vorannahmen und bedenken Sie: Wissenschaft hat sich auch schon häufiger getäuscht.

16. Habituationsparadigmen geben Auskunft über [S. 48 f.]
   a. die angeborenen Präferenzen des Neugeborenen.
   b. die Fähigkeit des Säuglings, zwischen zwei Arten von Stimuli zu unterscheiden.
   c. grundlegende Mechanismen des Lernens und des Gedächtnisses.
   d. die Gefühle, die Säuglinge gegenüber bestimmten Arten von Stimuli empfinden.

17. Mögliche Herausforderungen für Eltern eines frühgeborenen, untergewichtigen Babys sind [S. 67]:
   a. Passivität des Neugeborenen
   b. Erhöhte Aktivität des Neugeborenen
   c. Höhere Tonlage des Babys beim Schreien
   d. Unregelmäßigere Fütterungsintervalle
   e. Verzögertes Lernen und langsamere Entwicklung
   f. Grundsätzlich verminderte Intelligenz

18. Ein Risikofaktor für die Säuglingssterblichkeit sind simultane Schwangerschaften. Wie hoch ist die Sterblichkeitsrate bei Zwillingsgeburten? [S. 66]
   a. <20 %

b. 20–40 %
c. 40–60 %
d. >60 %

2.3 Richtig oder falsch?

19. Da die Plazenta Schadstoffe vom Kreislauf des Fötus fernhält, gefährden Umweltgifte die pränatale Entwicklung nicht. [S. 50–53]
    - richtig
    - falsch

20. Zweieiige Zwillinge sind sich genetisch nicht ähnlicher als Geschwister, die mit zeitlichem Abstand voneinander geboren werden. [S. 44]
    - richtig
    - falsch

Über die Schwangerschaft und Geburt finden Sie online viele gute Filmdokumentationen, überwiegend auf Englisch. Schauen Sie doch mal rein und überprüfen Sie sowohl Ihr Wissen als auch die Kompetenz der Filmemacher. Hier ein Beispiel: ▸ https://www.youtube.com/watch?v=Qz5uPn8yb-4&has_verified=1.

21. Ein Fetus entwickelt sich zu Beginn langsamer, erst ab etwa der Hälfte der Schwangerschaft nimmt die Entwicklungsgeschwindigkeit rapide zu. [S. 45]
    - richtig
    - falsch

22. Im dritten Trimester der Schwangerschaft entwickelt der Fötus einen Schlaf-Wach-Rhythmus, der demjenigen eines Neugeborenen ähnelt. [S. 47]
    - richtig
    - falsch

23. Es ist nicht möglich, das Erleben und die Lernentwicklung eines Fötus wissenschaftlich zu erforschen. [S. 47–50]
    - richtig
    - falsch

24. *Teratogene* entfalten zu jedem Zeitpunkt der fötalen Entwicklung ähnlich schädigende Wirkung. [S. 51]
    - richtig
    - falsch

25. Von *sensiblen Phasen* der Entwicklung sprechen Psychologen/Psychologinnen erst bei der nachgeburtlichen Entwicklung. [S. 51 f.]
    - richtig
    - falsch

26. Illegale Drogen sind grundsätzlich schädlicher für das Kind als legale Drogen oder Medikamente. [S. 53–56]
    - richtig
    - falsch

27. Die Wahrscheinlichkeit für eine Frühgeburt ist überall auf der Welt und in unterschiedlichen sozialen Milieus ähnlich. Dieser Sachverhalt legt nahe, dass dafür primär genetisch-biologische Faktoren verantwortlich sind, die kaum beeinflusst werden können. [S. 66]
    - richtig
    - falsch

28. Eine Vielzahl von Umweltvariablen, sozialen und biologischen Faktoren können die pränatale Entwicklung negativ beeinflussen. [S. 50–58]
    - richtig
    - falsch

29. In der Regel ist die Geburtserfahrung für Mutter und Kind gleichermaßen traumatisch und schmerzhaft. [S. 58 f.]
    - richtig
    - falsch

30. Der Geburtsschrei des Babys ist Ausdruck seines Leidens, daher geht es Neugeborenen, die direkt nach der Geburt nicht schreien, emotional und gesundheitlich besser als denjenigen, die laut und kräftig schreien. [S. 59]
    - richtig
    - falsch

31. Neugeborene Babys sind nicht in der Lage, auf das Interaktionsverhalten ihrer Eltern einzuwirken. [S. 60]
    - richtig
    - falsch

32. Herumtragen und Wiegen beruhigt schreiende Babys nicht und verwöhnt sie zudem unnötig. [S. 64]
    - richtig
    - falsch

33. Babys, die in Industrieländern vor der 28. SSW geboren werden, haben heute keine Überlebenschance. [S. 46, 68]
    - richtig
    - falsch

34. Die Anzahl von Risikofaktoren, die die kindliche Entwicklung gefährden können, spielt keine Rolle. Wesentlich sind nur die Intensität und die Art der Risikofaktoren. [S. 69]
    - richtig
    - falsch

35. Armutsmilieus sind ein Beispiel für die verheerenden Auswirkungen, die eine Risikokumulation auf die kindliche Entwicklung haben kann. [S. 69 f.]
    - richtig
    - falsch

36. Eineiige Zwillinge haben immer das gleiche Geschlecht. [S. 44]
    - richtig
    - falsch

37. Die Frage nach dem Beginn des Lebens ist in Bezug auf die pränatale Entwicklung eindeutig zu beantworten. [S. 40 f.]
    - richtig
    - falsch

38. Mütter und Väter können durch geeignete Präventionsmaßnahmen eine drohende Frühgeburt auf jeden Fall verhindern.
    - richtig
    - falsch

39. Bei einer natürlichen Empfängnis ist es nicht möglich, gleichzeitig die Babys von zwei unterschiedlichen Vätern auszutragen.
    - richtig
    - falsch

2.4 Zur Vertiefung

- **Weiterführendes Video (auch über entsprechende Videoportale verfügbar)**
  - Quarks & Co (2015). Produktion Schwangerschaft – alles unter Kontrolle? ► https://www1.wdr.de/mediathek/video/sendungen/quarks-und-co/video-projekt-schwangerschaft%2D%2D100.html. Zugegriffen am 20. Juni 2019. [Aufgabe 2.4]

- **Vertiefendes Paper**
  - Groß, C., Hahn, S., Spreer, M., et. al (2018) „Mama denk' an mich" (MAMADAM) – ein multimodales Therapieprogramm für suchtkranke Schwangere, Mütter und Väter im Rahmen der psychiatrischen Institutsambulanz. *Sucht: Zeitschrift für Wissenschaft und Praxis*, 64(2), 97–108. [Aufgabe 2.28]

Biologie und Verhalten

M. Stolarova, S. Pauen, *Prüfungstrainer zur Entwicklungspsychologie im Kindes- und Jugendalter*,
https://doi.org/10.1007/978-3-662-59392-9_3

3.1 Offene Fragen

3

Genetik und die Vererbung von psychischen Konstrukten

1. Zeichnen Sie ein Diagramm, das die wechselseitigen Funktions- und Interaktionsbeziehungen zwischen dem Genotyp der Eltern und des Kindes, dem Phänotyp der Eltern und des Kindes sowie der Umwelt illustriert. Geben Sie ein konkretes Beispiel dafür, wie der Phänotyp eines Vorschulkindes Einfluss auf sein Erziehungsumfeld haben kann. [S. 80, 88]
2. Francis Galton ist einer der ersten uns bekannten Wissenschaftler, der sich mit der Vererbung von psychologisch relevanten Konstrukten befasst hat. Aus der Tatsache, dass die nahen (männlichen) Verwandten erfolgreicher Männer mit höherer Wahrscheinlichkeit selbst erfolgreicher waren als entferntere (männliche) Verwandte, schloss er, dass Begabung auf Veranlagung basieren muss. Welche noch heute gebräuchliche Forschungsmethode verwendete er für seine Untersuchungen? Welche Faktoren und Interaktionen übersah er bei seinen Schlussfolgerungen? [S. 79, 89]
3. Was sind *Regulatorgene* und welche Rolle spielen diese für die kindliche Entwicklung? Geben Sie ein Beispiel für einen Umweltfaktor, der auf die Regulatorgene einwirken kann und erklären Sie die möglichen Folgen. [S. 83, 84]
4. Warum ist die *polygenetische Vererbung* von besonderer Bedeutung für die Entwicklungspsychologie? Geben Sie jeweils ein Beispiel für ein psychologisch relevantes Konstrukt und ein medizinisches Symptom, bei denen polygenetisch bedingte Prädispositionen vermutet werden bzw. nachgewiesen wurden. [S. 82, 85 f.]
5. Definieren Sie *Chromosomenanomalien*, erklären Sie den Grundmechanismus ihrer Entstehung und geben Sie zwei Beispiele für Entwicklungsstörungen, die auf Chromosomenanomalien zurückgeführt werden. [S. 82]
6. Was versteht man unter *Zwillingsstudien* und *Adoptionsstudien*? Welche zusätzlichen Erkenntnisse liefert die Kombination beider Designs? Warum sind diese Forschungsmethoden wichtig für verhaltensgenetische Forschung? [S. 89 f.]
7. Was versteht man unter *Erblichkeit*? [S. 90 ff.]
8. Grenzen Sie *erfahrungserwartende* und *erfahrungsabhängige Plastizität* voneinander ab und geben Sie jeweils ein Beispiel. [S. 101–104]
9. Unterernährung in Kombination mit Armut beeinträchtigt die kindliche Entwicklung. Erläutern Sie die zugrunde liegenden Mechanismen nach Brown und Pollitt (1996). [S. 110]
10. DNA/DNS ist die Abkürzung für ______________________ [S. 80]
11. Ein dominantes Allel ist ______________________ [S. 85]

12. Eine Grundschullehrerin erklärt Ihnen, dass die Erblichkeit bei Intelligenz und vielen einzelnen kognitiven Leistungen in etwa 50 % beträgt. Daher sei die Leistungsfähigkeit bei der Hälfte aller Kinder in jeder Klasse genetisch vorbestimmt. Aufgrund ihrer langjährigen Erfahrung könne sie recht schnell bestimmen, welche Kinder das seien, und wüsste, dass bei ihnen gezielte Förderungsbemühungen zwecklos seien. Wie erklären Sie ihr den erblichen Einfluss auf die kindliche Intelligenz? [S. 90, 92]
13. Ein Jugendlicher erklärt, dass Leistungsmotivation vererbbar sei und er wohl seinem Vater ähneln würde. Daher könne er nichts dafür, dass er keine Lust habe, sich anzustrengen. Wie erklären Sie ihm die Vererbbarkeit von psychologischen Konstrukten? [S. 90–93]
14. Politische Überzeugungen und Religiosität sind zwei von vielen Eigenschaften, denen Erblichkeit nachgesagt wird. Auf welche Art von Befunden stützen sich solche Behauptungen normalerweise? Welche Interpretationen lassen sie zu, und welche Schlüsse werden fälschlicherweise häufig daraus gezogen? [S. 89–92]
15. Beziehen Sie die Prozesse „Synaptogenese" und „Synapsenelimination" auf erfahrungsabhängige und erfahrungserwartende Entwicklungsplastizität. [S. 99 f.]
16. Zwei braunäugige Elternteile sind beide bezüglich der Augenfarbe heterozygot. Das Allel für braune Augen ist dominant, das für blaue Augenfarbe ist rezessiv. Welche Chance haben beide, nach Mendel'schem Vererbungsmuster Kinder mit braunen bzw. mit blauen Augen zu bekommen? [S. 85].
17. Mit welcher Wahrscheinlichkeit haben die Kinder von zwei blauäugigen Eltern braune Augen?

3.2 Multiple Response

18. Gene sind [S. 80]
    a. Geschlechtschromosomen.
    b. Abschnitte von Chromosomen.
    c. RNA.
    d. Mutationen.

19. Die häufigsten Mechanismen, die zur genetischen Variation beitragen, sind [S. 81]
    a. Mutation.
    b. Vererbung.
    c. Zufallskombination.
    d. Regulation.
    e. Crossing-over.

20. Ein Erblichkeitsfaktor von 80 % bedeutet, dass [S. 91]
    a. 80 % der individuellen Ausprägung genetisch bestimmt werden und 20 % durch Umwelteinflüsse erklärt werden können.
    b. bei 80 % der untersuchten Menschen Umwelteinflüsse keine modulierende Wirkung haben können.
    c. 80 % der Ausprägungsvarianz eines Merkmals in einer Population auf genetische Unterschiede zwischen den Populationsmitgliedern zurückgeführt werden können.
    d. bei diesem Merkmal mit hoher Erblichkeit im Prinzip von genetischer Determinierung gesprochen werden kann.

21. Zwei wichtige Zelltypen des Zentralnervensystems sind [S. 94 f.]
    a. Synapsen und Neurone.
    b. Dendriten und Axone.
    c. Gliazellen und Neurone.
    d. Stacheln und Gliazellen.

22. Genetisch bedingte Krankheitsbilder können entstehen durch [S. 82]
    a. Defekte von Regulatorgenen.
    b. Genanomalien.
    c. polygenetische Vererbung.
    d. rezessive Allele.

Über die Grundlagen der Genetik haben Sie bestimmt bereits in der Schule etwas gehört. Hier geht es nun darum, zu vertiefen, zu differenzieren und zu hinterfragen.

23. Die meisten dicken Kinder [S. 108]
    a. werden an Herzversagen sterben.
    b. werden dicke Erwachsene.
    c. werden dicke Erwachsene mit Herzklappenfehlern.
    d. werden zu ca. 10–12 % auch übergewichtige Kinder zur Welt bringen.

3.3 Richtig oder falsch?

24. Der Genotyp eines Menschen ist der einzige Faktor, der auf seinen Phänotyp wirkt. [S. 79 f]
    - richtig
    - falsch

25. Genom ist die Bezeichnung für den vollständigen Satz von Erbinformation-tragenden DNA-Abschnitten eines Organismus. [S. 79]
    - richtig
    - falsch

26. Das genetische Material der Mutter und des Vaters haben jeweils einen ähnlich starken Einfluss auf das biologische Geschlecht des Kindes. [S. 81]
    - richtig
    - falsch
27. Die Vererbung von psychologisch relevanten Charaktereigenschaften folgt meistens einem dominant-rezessivem Vererbungsmuster. [S. 82]
    - richtig
    - falsch
28. Die Aufzeichnung elektrophysiologischer Aktivität ist eine nichtinvasive Untersuchungsmethode, die auch bei Babys und Kindern angewandt wird. [S. 98]
    - richtig
    - falsch
29. Die *Myelinisierung* des Gehirns hat keinen Einfluss auf die kindliche Entwicklung. [S. 95, 97, 99]
    - richtig
    - falsch
30. Übung und Erfahrung können strukturelle Veränderungen des Gehirns bedingen. [S. 101–104]
    - richtig
    - falsch
31. Die Auswirkungen von Läsionen hängen nicht vom Zeitpunkt der Verletzung ab, lediglich der Umfang der Läsion ist bedeutsam. [S. 104]
    - richtig
    - falsch
32. An der Gewichtsregulation des Menschen sind sowohl genetische, als auch Umweltvariablen beteiligt. [S. 108 f.]
    - richtig
    - falsch
33. Auch deutliches Übergewicht verwächst sich bei Kindern und Jugendlichen meistens. Daher ist es kein ernst zu nehmendes Problem. [S. 108]
    - richtig
    - falsch
34. Die World Health Organization (WHO) empfiehlt, Säuglinge grundsätzlich mindestens sechs Monate lang zu stillen.
    - richtig
    - falsch

35. Die Zusammensetzung der Muttermilch variiert unter anderem mit dem Alter des Babys, dem Gesundheitszustand sowie der Nahrungsaufnahme der Mutter. [S. 107]
    - richtig
    - falsch

36. Ist ein Organismus bezüglich eines bestimmten Merkmals homozygot, dann kommen die Anweisungen des dominanten Allels zum Ausdruck. [S. 85]
    - richtig
    - falsch

37. Zwei braunäugige Eltern können ein blauäugiges Kind haben, falls die Augenfarbe heterozygot kodiert ist und blau rezessiv vererbt wird. [S. 85]
    - richtig
    - falsch

3.4 Zur Vertiefung

- **Francis Galten? Nie gehört? Schauen Sie sich diese Videos an und erfahren Sie mehr über den Cousin von Charles Darwin. [Aufgabe 3.2]**
- Index Fund Advisors (IFA) Inc. (2018). Francis Galton: Part 1: Whenever You Can, Count – Show 255. https://www.ifa.com/videos/ep_255_galton-part-one/. Zugegriffen: 21. Juni 2019.
- Index Fund Advisors (IFA) Inc. (2018). Francis Galton: Part 2: The Wisdom of the Crowd – Show 256. https://www.ifa.com/videos/ep_256_galton-part-two. Zugegriffen: 21. Juni 2019.

Vertiefende Originalliteratur

- Brown, J. L., & Pollitt, E. (1996). Malnutrition, poverty and intellectual development. *Scientific American*, 274(2), 38–43. [Aufgabe 3.9]

Weiterführende Studie

- Die KiGGS-Studie des Robert Koch-Instituts gibt interessante Einblicke in die Gesundheit von Kinder und Jugendlichen in Deutschland – nicht nur zum Thema Übergewicht: https://www.kiggs-studie.de/deutsch/home.html. Zugegriffen: 21. Juni 2019. [Aufgabe 3.22]

Vertiefendes Paper zum Thema Stillen

- Prell, C., & Koletzko, B. (2016). Stillen und Beikost. Empfehlungen für die Säuglingsernährung. *Deutsches Ärzteblatt*, 113(25), 435–444. doi: https://doi.org/10.3238/arztebl.2016.0435. [Aufgabe 3.33]

Theorien der kognitiven Entwicklung

M. Stolarova, S. Pauen, *Prüfungstrainer zur Entwicklungspsychologie im Kindes- und Jugendalter*,
https://doi.org/10.1007/978-3-662-59392-9_4

4.1 Offene Fragen

Kognitive Entwicklung: Theorien und Theoretiker

1. Entwerfen Sie eine Tabelle, in der Sie die vier Theorien der kognitiven Entwicklung bezüglich ihrer Kernannahmen vergleichen. Nennen Sie dabei auch [S. 120–148]
   - die Namen der wichtigsten Vertreter,
   - den Entstehungszeitraum,
   - die wichtigsten Mechanismen des Wissenserwerbs,
   - die Aussagen zur Anlage-Umwelt-Interaktion,
   - die Rolle des Kindes und
   - Entwicklungsstadien, wenn vorhanden.
2. Nennen Sie drei Argumente für die Nützlichkeit wissenschaftlicher Theorien in der (Entwicklungs-)Psychologie. Welche möglichen Nachteile haben wissenschaftliche Theorien? [S. 118 f.]
3. Definieren Sie die Begriffe „Assimilation" und „Akkommodation" im Hinblick auf Piagets Entwicklungstheorie und geben Sie jeweils ein konkretes Beispiel für solche Prozesse in der frühkindlichen Entwicklung (nach Möglichkeit *nicht* die Beispiele aus dem Lehrbuch). [S. 121]
4. Nennen und beschreiben Sie die vier zentralen Eigenschaften von Piagets Stufentheorie und geben Sie jeweils ein konkretes Beispiel. [S. 122]
5. Entwerfen Sie eine Tabelle, in der Sie die vier Entwicklungsstadien nach Piaget beschreiben und vergleichen. Geben Sie auch jeweils ein konkretes Beispiel für kognitive Leistungen, die in jeder der Stufen nach Piaget erreicht werden. Welches Stadium ist nach Piaget nicht universell? [S. 122–129, 131]
6. Piaget ging davon aus, dass mangelndes Wissen bzw. ein „Defizit im Denken" des Säuglings für Objektpermanenzfehler in der ersten Hälfte des ersten Lebensjahres verantwortlich ist. Welche alternative Erklärung legen neuere Studien nahe? [S. 146, 148]
7. Piagets Sichtweise auf das Kind wird häufig unter der Redewendung „das Kind als Wissenschaftler" zusammengefasst. Warum? [S. 120]
8. Formulieren Sie vier Kritikpunkte an Piagets Entwicklungsmodell und nennen Sie je einen theoretischen Ansatz, der die jeweilige Schwäche zu überwinden versucht. [S. 130 f.]
9. Die Entwicklungstheorien von Piaget und Wygotski unterscheiden sich in vielen Aspekten. Methodisch jedoch kann man beiden einen sehr ähnlichen Vorwurf machen – welchen? [S. 118, 131]
10. Nennen und beschreiben Sie kurz die drei Phasen des *inneren Sprechens* nach Wygotski. [S. 141]

11. Über welche Mechanismen wird in den soziokulturellen Theorien kulturell unterschiedliches Wissen vermittelt und erworben? [S. 142–144]
12. Welche zwei Gründe erschweren es Kindern (den Vertretern der Informationsverarbeitungstheorien zufolge), vorausschauend zu planen? Warum? [S. 139]
13. Nach Piaget erwerben Kinder die Fähigkeit zur zeitlich verzögerten Nachahmung etwa im Alter von ______________ __________ . [S. 124]
14. Was unterscheidet eine wissenschaftliche Theorie von einer Alltagstheorie?
15. Welche Gründe trugen dazu bei, dass Wygotskis theoretische Überlegungen zur kindlichen Entwicklung erst mehrere Jahrzehnte nach seinem Tod bekannt wurden?
16. Sie wollen einem fünfjährigen Kind beibringen, dass sich die Perspektive je nach Standort im Raum ändert. Wie gehen Sie nach Piagets und wie nach Wygotskis Entwicklungsmodell vor? [S. 120, 125 f.; S. 140, 143]
17. Vergleichen Sie Piagets Ansatz mit der *Theorie überlappender Wellen* in Bezug auf die Entwicklung kindlicher Problemlösefähigkeiten. [S. 120, 137]
18. Frühe Unterschiede im numerischen Wissen von Kindern mit unterschiedlichem sozioökonomischen Hintergrund konnten empirisch wiederholt nachgewiesen werden (vgl. Duncan et al., 2007; Stevenson & Newman, 1986). Worauf könnte der Leistungsrückstand von Kindern aus geringverdienenden Familien im Hinblick auf das Zählen, Ziffernerkennen, Kopfrechnen oder Wissen über numerische Größen zurückgeführt werden? [S. 138].

Entwicklungstheorien sind Denkmodelle, keine empirisch bewiesenen Wahrheiten. Sie zu verstehen, erlaubt Ihnen, Ihr eigenes Denken zu erweitern.

4.2 Multiple Response

19. Welche der folgenden Fähigkeiten werden nach Piaget *nicht* im sensomotorischen Stadium erworben? [S. 122–125]
    a. Objektpermanenz
    b. Symbolische Repräsentation
    c. Zeitlich verzögerte Nachahmung
    d. Verständnis für das Invarianzkonzept

20. Welche(r) Theoretiker betrachtete(n) Denken und Sprechen als untrennbar miteinander verbunden? [S. 141]
    a. Piaget
    b. Stern
    c. Wygotski
    d. Bronfenbrenner
    e. Baldwin

Um die Theorie eines Theoretikers besser verstehen zu können, hilft es manchmal, dessen Biografie zu lesen. Sie werden staunen!

21. Welche(r) der folgenden Aspekte ist/sind zentrale(r) Bestandteil(e) soziokultureller Theorien? [S. 140, 142–144]
    a. Gelenkte Partizipation
    b. Geteilte Aufmerksamkeit
    c. Rehearsal
    d. Selektive Aufmerksamkeit
    e. Soziale Stützung (scaffolding)
    f. Intersubjektivität

22. Welche(r) der folgenden Aspekte ist/sind zentrale(r) Bestandteil(e) von Theorien der Informationsverarbeitung? [S. 135–137]
    a. Gelenkte Partizipation
    b. Geteilte Aufmerksamkeit
    c. Rehearsal
    d. Selektive Aufmerksamkeit
    e. Mittel-Ziel-Analyse
    f. Encodieren

23. Was ist *kein* Bereich des menschlichen Gehirns? [S. 134]
    a. Hippocampus
    b. Gluteus maximus
    c. Zerebellum
    d. Temporallappen

4.3 Richtig oder falsch?

24. Piagets Stufenmodell hatte *keinen* Einfluss auf frühpädagogische Förderkonzepte. [S. 130]
    - richtig
    - falsch

25. Egozentrismus ist die Tendenz, sich auf ein einzelnes, perzeptuell auffälliges Merkmal eines Objektes oder Ereignisses zu konzentrieren. [S. 125 f.]
    - richtig
    - falsch

26. Myelinisierung und die zunehmende neuronale Vernetzung tragen dazu bei, dass die Verarbeitungsgeschwindigkeit in der Kindheit zunimmt. [S. 135]
    - richtig
    - falsch

27. Äquilibration beschreibt den Prozess, bei dem Menschen die vorhandenen Wissensstrukturen als Reaktion an neue Erfahrungen anpassen. [S. 121]
    - richtig
    - falsch

28. Theorien der Informationsverarbeitung untersuchen insbesondere die Entwicklung des Gedächtnisses und der Problemlösekompetenzen. [S. 132, 133, 137]
   - richtig
   - falsch

4.4 Zur Vertiefung

- **Vertiefende Orginalliteratur**

  - Duncan, G. J., Dowsett, C. J., Claessens, A., et al. (2007). School readiness and later achievement. *Developmental Psychology*, 43, 1428–1446. doi:https://doi.org/10.1037/0012-1649.43.6.1428. [Aufgabe 4.18]
  - Piaget, J. (2017). *Das Weltbild des Kindes: Schlüsseltexte Band 1* (2. Aufl.). München: Klett-Cotta. [Aufgabe 4.7]
  - Stevenson, H. W., & Newman, R. S. (1986). Long-term prediction of achievement and attitudes in mathematics and reading. *Child Development*, 57, 646–659. [Aufgabe 4.18]
  - Wygotski, L. (1972). *Denken und Sprechen*. Berlin: Fischer. [Aufgabe 4.10]

Die frühe Kindheit – Sehen, Denken, Tun

M. Stolarova, S. Pauen, *Prüfungstrainer zur Entwicklungspsychologie im Kindes- und Jugendalter*,
https://doi.org/10.1007/978-3-662-59392-9_5

5.1 Offene Fragen

5

Die Entwicklung der Sinne

1. Beschreiben Sie den Unterschied zwischen Sinnesempfindung und Wahrnehmung. [S. 157]
2. Benennen und beschreiben Sie eine (weitverbreitete) Methode, mit der untersucht wird, ob ein Säugling zwischen zwei visuellen Reizen unterscheiden kann. Kann man diese auch verwenden, um zu prüfen, welcher von zwei Stimuli dem Säugling besser gefällt? Warum (nicht)? [S. 157 f.]
3. Definieren Sie *Sehschärfe* und beschreiben Sie ihre Entwicklung im ersten Lebensjahr. [S. 158]
4. Was ist *Wahrnehmungskonstanz* und wie entwickelt sich diese im ersten Lebensjahr? [S. 162]
5. Beschreiben Sie kurz die Methoden und Hauptergebnisse eines berühmten Experiments, mit dem man ursprünglich die Entwicklung der Tiefenwahrnehmung von Säuglingen untersuchen wollte, das jedoch später zur Untersuchung einer Vielzahl von Entwicklungsphänomenen kognitiver, emotionaler und sozialer Art eingesetzt wurde. [S. 176]
6. Was ist *binokulare Disparität* und wozu dient diese? Nennen Sie ein vergleichbares Phänomen aus dem Bereich des Hörens. [S. 164, 165]
7. Nennen Sie drei Merkmale der Musikwahrnehmung von Säuglingen im ersten Lebensjahr und beschreiben Sie jeweils eine Untersuchungsmethode, mit deren Hilfe die jeweilige Fähigkeit nachgewiesen werden konnte. [S. 167 f.]
8. Beschreiben Sie eine Methode, mit der man den Geruchssinn von Säuglingen untersucht und nennen Sie ein diesbezügliches Ergebnis. [S. 168]
9. Piaget nahm an, dass Babys mehrere Monate lang explorieren müssen, bevor sie in der Lage sind, Informationen aus unterschiedlichen Sinnessystemen miteinander zu verknüpfen. Beschreiben Sie zwei unterschiedliche Befunde, die dieser Annahme widersprechen. Berücksichtigen Sie dabei nicht nur die Ergebnisse, sondern auch die Methoden der Studien sowie das Alter der Studienteilnehmer. [S. 169]
10. Beschreiben Sie kurz sieben Reflexe, über die Säuglinge im ersten Lebensjahr verfügen. Nennen Sie die zugehörige adaptive Funktion, falls vorhanden. [S. 171]
11. Beschreiben Sie eine Untersuchung, mit der gezeigt werden konnte, dass Babys statistische Häufigkeiten unterscheiden können. [S. 180]
12. Beschreiben Sie den vermuteten Zusammenhang zwischen klassischem Konditionieren und emotionaler (Selbst-) Regulation bei Säuglingen. [S. 181]

13. Wie wird das Verfahren der Erwartungsverletzung eingesetzt, um das Denken von präverbalen Säuglingen zu untersuchen? [S. 185 f.]
14. Entwerfen Sie ein Studiendesign, mit dem untersucht werden könnte, ob Säuglinge Musik zur Selbstregulation nutzen können oder diese lediglich eine Ablenkungsfunktion hat. [S. 167]
15. Wie würden Sie zeigen, dass neugeborene Säuglinge mittels operanter Konditionierung lernen können? [S. 181 f.]

5.2 Multiple Response

16. Reflexe sind [S. 171]
    a. erlernte Verhaltensweisen.
    b. angeborene, fest gefügte Handlungsmuster.
    c. zufällige Bewegungsfolgen.
    d. Meilensteine der Motorik.
17. Welche der folgenden visuellen Fähigkeiten können im Verlauf des ersten Lebensjahres nachgewiesen werden? [S. 157–165]
    a. Kontrastempfindlichkeit
    b. Farbensehen
    c. Visuelles Abtasten
    d. Unterscheidung emotionaler Ausdrücke
    e. Tiefensehen
    f. Wahrnehmung der subjektiven Kontur
    g. Zusammenhänge zwischen zwei sich gleichzeitig bewegenden Objekten
    h. Objekttrennung
    i. Tiefenwahrnehmung
18. Welche der folgenden Lernmechanismen wurden bei Säuglingen nachgewiesen? [S. 178–184]
    a. Habituation
    b. Klassisches Konditionieren
    c. Operantes Konditionieren
    d. Statistisches Lernen
    e. Lernen durch Nachahmung
    f. Wahrnehmungslernen

5.3 Richtig oder falsch?

19. Vor einem Alter von sechs Monaten sind Babys nicht in der Lage, Sinneseindrücke unterschiedlicher Sinnessysteme miteinander zu verknüpfen. [S. 169]

- richtig
- falsch

20. Neugeborene Babys zeigen *kein* visuelles Erkundungsverhalten und *keine* akustische Lokalisation. [S. 157]
- richtig
- falsch

21. Babys hören von Geburt an genauso gut wie Erwachsene. [S. 165]
- richtig
- falsch

22. Neugeborene Babys unterscheiden den Geruch der Muttermilch von anderen Gerüchen ähnlicher Intensität. [S. 168]
- richtig
- falsch

23. Intermodale Wahrnehmung bezeichnet die Kombination von Informationen aus zwei oder mehreren Sinnessystemen. [S. 169]
- richtig
- falsch

Eine wunderbare Dokumentation über das erste Lebensjahr von vier Babys an unterschiedlichen Orten dieser Welt zeigt der Film „Babys" (Originaltitel: „*Bébés*") von Thomas Balmès. Der Film ist zugänglich über gängige Streaming- oder Videoausleihplattformen.

24. Da die motorische Entwicklung von Kindern genetisch determiniert ist, haben unterschiedliche kulturelle Praktiken und Erziehungsstile keinen Einfluss auf den Zeitpunkt des Erreichens von motorischen Entwicklungsmeilensteinen wie Laufen. [S. 172]
- richtig
- falsch

25. Im ersten Lebensjahr ahmen Säuglinge ausschließlich erwachsene Personen nach. [S. 183]
- richtig
- falsch

26. Der Zeitpunkt, zu dem Säuglinge beginnen zu krabbeln, ist ein zuverlässiger Prädikator für ihre kognitive Entwicklung. [S. 175]
- richtig
- falsch

5.4 Zur Vertiefung

- **Weiterführende Videos**
  - Groskin, L. (2015). „Babies on the brink". . Zugegriffen: 21. Juni 2019. [Aufgabehttps://www.sciencefriday.com/videos/babies-on-the-brink-2/. Zugegriffen: 21. Juni 2019. [Aufgabe 5.5]
  - Psychology Tomorrow (2015). „The Secret Life of The Baby's Brain". https://www.youtube.com/watch?v=h3BoUpMjY-Y. Zugegriffen: 21. Juni 2019.

- **Denkt ein Baby?**
  - Pauen, S. (2007). *Was Babys denken: Eine Geschichte des ersten Lebensjahres.* München: C. H. Beck. [Aufgabe 5.12]

Die Entwicklung des Sprach- und Symbolgebrauchs

M. Stolarova, S. Pauen, *Prüfungstrainer zur Entwicklungspsychologie im Kindes- und Jugendalter*,
https://doi.org/10.1007/978-3-662-59392-9_6

6.1 Offene Fragen

Kindlicher Spracherwerb

1. Grenzen Sie die semantische und die pragmatische Sprachentwicklungskomponente voneinander ab. Geben Sie jeweils ein Beispiel. [S. 199 f.]
2. Definieren Sie den Begriff „kritische Phase" in Bezug auf den Spracherwerb. [S. 202]
3. Es gibt Argumente für und gegen die Existenz einer kritischen Phase des Spracherwerbs (im Lehrbuch sind vor allem die Argumente dafür aufgelistet). Finden Sie mindestens zwei Argumente dafür und zwei dagegen. [S. 202]
4. Für was steht die Abkürzung „VOT"? Definieren Sie den Begriff und erläutern Sie, welche Rolle die VOT bei der Sprachwahrnehmung (von Kindern und Erwachsenen) spielt? [S. 206]
5. Beschreiben Sie ein Untersuchungsdesign, mit dem gezeigt wurde, dass bereits Säuglinge Sprachlaute (ähnlich wie Erwachsene) kategorial wahrnehmen. [S. 206 f.]
6. Erläutern Sie, wie sich die Muttersprache auf die Entwicklung der Fähigkeit, Sprachlaute voneinander zu unterscheiden, auswirkt. [S. 208]
7. Woher wissen wir, dass bereits Säuglinge die Regelhaftigkeit von Sprachmustern (z. B. häufigere Betonung, häufige Lautkombinationen) erkennen? [S. 209 f.]
8. Welche Rolle wird der *geteilten Aufmerksamkeit* beim Spracherwerb zugeschrieben? [S. 211 f.]
9. Nennen Sie zwei Beispiele für die Überdehnung der Wortbedeutung, die Kleinkinder häufig vornehmen. [S. 214 f.]
10. Wie werden pragmatische Hinweise von Kindern genutzt, um sich die Bedeutung unbekannter Wörter zu erschließen? Erklären Sie dieses Phänomen und nennen Sie ein Beispiel. [S. 216–218]
11. Erklären Sie die *Strategie der syntaktischen Selbsthilfe* und beschreiben Sie ein Studiendesign, mit dessen Hilfe gezeigt werden konnte, dass sich Kleinkinder diese Strategie beim Spracherwerb zunutze machen können. [S. 219 f.]
12. Definieren Sie *Übergeneralisierung* und geben Sie zwei Beispiele dafür. [S. 221 f.]
13. Noam Chomsky ist in der zweiten Hälfte des letzten Jahrhunderts als Vertreter einer linguistischen Theorie zum Spracherwerb berühmt geworden. Welche Theorie war das, und welche Gelehrten vertraten vor Chomsky eine ähnliche Meinung? Skizzieren Sie die Grundannahmen dieser Theorie.
14. Was ist die *duale Repräsentation*? Beschreiben Sie ein Studiendesign, das diese untersucht, und schildern Sie die wesentlichen Ergebnisse. [S. 229 f.]
15. Stilles Plappern bezeichnet ______________________. [S. 211]

16. Die Eltern eines zweijährigen Jungen wenden sich an Sie, weil sie sich Sorgen um die sprachliche Entwicklung ihres Sohnes machen. Welche Meilensteine erfragen Sie, um einzuschätzen, ob es sinnvoll wäre, den Kinderarzt bei nächster Gelegenheit darauf anzusprechen? [S. 210–212, 215]
17. Welche Ähnlichkeiten und welche Unterschiede finden Sie, wenn Sie *interaktionistische* und *konnektionistische* Positionen zum Spracherwerb miteinander vergleichen? [S. 214–220, 227]
18. Welche nichtsprachlichen Symbolsysteme erwerben Kinder parallel zur Sprache? [S. 215, 221, 228–230]
19. Welche Möglichkeiten zum Spracherwerb könnten sich für gehörlose Säuglinge und Kinder anbieten? [S. 228].
20. Beim formalen Erwerb einer Zweitsprache in der Schule treten im Gegensatz zu bilingual aufwachsenden Kindern häufiger Schwierigkeiten auf. Hinsichtlich der Debatte um den „Bilingualismus im Klassenzimmer" lassen sich zwei grundsätzliche Positionen unterscheiden. Während sich die eine für die totale Integration der Landessprache ausspricht, empfiehlt die andere, fachliche Grundkenntnisse der Zweitsprache zunächst in der Muttersprache zu vermitteln. Welche Position beziehen Sie selbst bzw. was halten Sie vor dem Hintergrund empirischer Erkenntnisse als vertretbar? [S. 204]

Lerntipp: Eigene Beispiele für abstrakte theoretische Konstrukte zu finden, kann Ihnen helfen, diese zu verstehen.

6.2 Multiple Response

21. Zu den Komponenten der Sprache gehören [S. 199 f.]
    a. Phoneme.
    b. Silben.
    c. Morpheme.
    d. Syntax.

22. Welche der folgenden Aspekte sind *keine* Merkmale der an Kinder gerichteten Sprache? [S. 204 f.]
    a. Höhere Stimmlage
    b. Emotionaler Tonfall
    c. Langsamere Aussprache
    d. Erhöhte Lautstärke
    e. Undeutliche Aussprache
    f. Übertriebene Mimik

23. Voraussetzungen für den erfolgreichen Erwerb einer verbalen Lautsprache sind [S. 201 f.]
    a. der Kontakt mit Sprache.
    b. eine emotionale Bindung zu mindestens einem Elternteil.
    c. ein menschliches Gehirn.
    d. ein gut entwickeltes Hörorgan.
    e. eine menschliche Umwelt.

24. Der Telegrammstil [S. 220]
    a. ist eine besondere Bedienform für Telegramgeräte.
    b. meint Zweiwortäußerungen bei Kindern.
    c. meint Zweiwortäußerungen bei Eltern.
    d. ist eine Dechiffriermethode kindlichen Ausdrucksverhaltens.

6.3 Richtig oder falsch?

25. Der passive Wortschatz bzw. das Sprachverständnis entwickelt sich schneller als die Sprachproduktion bzw. der aktive Wortschatz. [S. 199]
    - richtig
    - falsch

26. Erwachsene, die eine Fremdsprache erlernen, verfügen über metasprachliche Kompetenzen, die Kleinkindern bei dem Erstspracherwerb fehlen.
    - richtig
    - falsch

27. Damit der Spracherwerb gelingt, sollten Kinder zuerst eine Sprache richtig sprechen lernen, bevor sie zusätzlich eine zweite lernen. [S. 204]
    - richtig
    - falsch

28. Als mehrsprachig können ausschließlich Menschen bezeichnet werden, die von Geburt an mit mehr als einer Sprache regelmäßigen Kontakt haben.
    - richtig
    - falsch

Lerntipp: Es kann hilfreich sein, allgemeine Behauptungen an konkreten Fällen zu überprüfen. Selbst ein einziges Gegenbeispiel widerlegt sehr allgemein oder absolut gehaltene Behauptungen.

29. Säuglinge schreien und plappern entsprechend der Muster ihrer Muttersprache. [S. 210 f.]
    - richtig
    - falsch

30. Kleinkinder beginnen etwa im Alter von einem Jahr, Wörter zu formen, ohne zuvor die Produktion von Sprachlauten geübt zu haben. [S. 210]
    - richtig
    - falsch

31. Die Quantität des sprachlichen Inputs spielt kaum eine Rolle beim Spracherwerb. Wichtig ist insbesondere die Qualität der Äußerungen. [S. 214]
    - richtig
    - falsch

32. Der Wortschatz bilingual aufwachsender Kinder teilt sich auf zwei Sprachen auf, weshalb diese bei einer Vielzahl kognitiver Tests zu exekutiven Funktionen und zur kognitiven Kontrolle schlechter abschneiden als monolingual aufwachsende Kinder. [S. 204]
    - richtig
    - falsch

33. Kindern mit Entwicklungsstörungen sollte keine mehrsprachige Umgebung zugemutet werden. [S. 204]
    - richtig
    - falsch

6.4 Zur Vertiefung

- **Studie zu Frühgeburt und Sprachentwicklung**
    - Henkel, U., Lang, S., & Dockter, S. (2018). Störung der Sprachentwicklung bei Frühgeborenen. Laryngo-Rhino-Otologie, 97(S02), 294–294. doi: https://doi.org/10.1055/s-0038-1640752. [Aufgabe 6.6]

- **Kennen Sie das ICD-10-GM-2018 F-80?**
    - Hierbei handelt es sich um den ICD-Code für „umschriebene Entwicklungsstörungen des Sprechens und der Sprache“ nach dem Internationalen Klassifizierungssystem für medizinische Diagnosen. Achtung: Ab 2022 gilt laut WHO die neue ICD-11. [Aufgabe 6.33]

- **Weiterführende Literatur zur Entwicklungsstörung**
    - von Loh, S. (2017). Entwicklungsstörungen bei Kindern. Medizinisches Grundwissen für pädagogische und therapeutische Berufe. Stuttgart: Kohlhammer. [Aufgabe 6.35]

Die Entwicklung von Konzepten

M. Stolarova, S. Pauen, *Prüfungstrainer zur Entwicklungspsychologie im Kindes- und Jugendalter*,
https://doi.org/10.1007/978-3-662-59392-9_7

7.1 Offene Fragen

1. Nennen Sie die vier Ebenen von Objekthierarchien und finden Sie Beispiele für jede Ebene (nach Möglichkeit nicht die Beispiele aus dem Lehrbuch, sondern eigene). [S. 242]
2. Beschreiben Sie, wie man Habituationsparadigmen einsetzen kann, um die Bildung von Kategorien oder Klassen beim präverbalen Säugling zu untersuchen. Wie unterscheiden sich diese Verfahren von Studien, die die Gehirnaktivität von Säuglingen aufzeichnen, um dieselbe Forschungsfrage zu beantworten? [S. 243]
3. Definieren Sie die *naive* und die *wissenschaftliche* Psychologie und grenzen Sie diese voneinander ab. Wozu brauchen Kinder naive Psychologie? Geben Sie ein Beispiel, an dem deutlich wird, wie Kinder naive Psychologie im Alltag einsetzen. [S. 244 f.]
4. Die Abkürzung „TOM" steht für ________________________ . Damit ist in der Psychologie meist ________________________ ___ gemeint. [S. 246, 248 f.]
5. Einige Forscher schreiben Menschen mit Autismus-Spektrum-Störungen besondere Schwierigkeiten bei TOM-Aufgaben zu. Warum ist es empirisch schwierig nachzuweisen, dass tatsächlich diese Art von Leistungen selektiv betroffen ist? [S. 248 f.]
6. Grenzen Sie die frühkindlichen „Als-ob-Spiele" von den etwas später dazukommenden „sozialen Rollenspielen" ab. Geben Sie ein Beispiel für ein Spiel, bei dem Kinder beide Arten erfolgreich miteinander kombinieren. [S. 249 f.]
7. Erklären Sie den Zusammenhang zwischen der Fähigkeit eines Säuglings oder Kleinkindes, sich selbst im Raum fortzubewegen und sich im Raum zu orientieren. Wie wurde dieser untersucht? [S. 259]
8. Beschreiben Sie zwei unterschiedliche Untersuchungsdesigns, mit deren Hilfe die Fähigkeit von Säuglingen, zeitliche Abfolgen zu erlernen, untersucht wird. Welche andere basale Fähigkeit (neben einem Grundverständnis für Zeit) ist hierfür unbedingt notwendig und warum? [S. 261 f.]
9. Die Tendenz von Säuglingen, beobachtete Handlungen zu imitieren, setzten Forscher ein, um das kindliche Verständnis für Kausalität zu untersuchen. Wie und warum taten sie das? [S. 256 f.]
10. Ältere Untersuchungen zeigen die Fähigkeit von Säuglingen, (kleine) gleiche Mengen von unterschiedlichen Objekten als gleich zu erkennen. Welchen wichtigen Aspekt von visuellen Darstellungen übersahen die Autoren dieser Studien? [S. 263]
11. Nennen und beschreiben Sie kurz die fünf Prinzipien des Zählens. [S. 265]

12. Numerische Gleichheit ist ______________________ .
[S. 263]
13. Erklären Sie die *nativistische* und die *empiristische* theoretische Auffassung und beziehen Sie diese auf den Konzeptbegriff und den Erwerb von Wissen über Kategorien im Kleinkindalter. Nennen Sie ein konkretes Phänomen und erklären Sie dieses zuerst nativistisch und dann empiristisch. Welche Parallelen zu Theorien des Spracherwerbs finden Sie? [S. 241, 245, 248 f., 254 f., 257, 263]

Lerntipp: Die Visualisierung komplexer Zusammenhänge kann Sie dabei unterstützen, diese zu begreifen.

14. Der Aufgabentyp „falsche Überzeugungen" erzeugt, wenn man ihn entsprechend der jeweiligen kulturellen Begebenheiten anpasst, erstaunlich ähnliche Fehler bei etwa dreijährigen Kindern in sehr unterschiedlichen Kulturen. Im Alter von etwa fünf Jahren meistern dann die meisten Kinder diese Aufgabe. Welche Schlüsse zieht man in der Entwicklungspsychologie daraus? Warum ist diese Aufgabenart wichtig für die Untersuchung der kindlichen Perspektivübernahme? [S. 247]
15. Die Erzieherin eines fünfjährigen Jungen meldet den Eltern zurück, dass ihr Sohn nicht gerne soziale Rollenspiele spielt und sich insgesamt eher wenig und ungern an Gruppenaktivitäten beteiligt. Stattdessen würde er sich zurückziehen und alleine (häufig in einem Baum) seine Fantasiespiele spielen. Zur Förderung der Sozialentwicklung des Kindes empfiehlt sie, ihn dazu zu bringen, mehr Rollenspiele zu spielen. Warum tut sie das? Welche Schwierigkeiten sehen Sie bei der Umsetzung dieser Empfehlung? [S. 250]
16. Bei der in dem Lehrbuch zitierten Studie von Wynn (1995) wird angenommen, dass Kinder zwischen dem zweimaligen Hochspringen einer Puppe und dem dreimaligen (bzw. einmaligen) Hochspringen unterscheiden können. Was müssten Sie über diese Studie wissen, um beurteilen zu können, ob die Kinder in diesem Fall Mengen oder die zeitliche Dauer unterschieden? [S. 263, 266 f.]

7.2 Multiple Response

17. Im Sinne der Entwicklungspsychologie sind *Konzepte* [S. 240]
    a. primäre und sekundäre Kategorien.
    b. theoretische Entwürfe.
    c. allgemeine Vorstellungen oder Auffassungen.
    d. kindliche Prädispositionen.

18. Welche(s) der folgenden Merkmale von Objekten und Lebewesen nutzen Kinder vor dem zweiten Geburtstag, um Klassen oder Kategorien zu bilden? [S. 243]
    a. Bewegung
    b. Gesamtform

c. Funktion
d. Kausalbeziehungen
e. Einzelne Merkmale des Erscheinungsbildes
f. Farbe

19. Welche der folgenden Aussagen in Bezug auf naive psychologische Konzepte stimmt/stimmen *nicht*? [S. 245]
    a. Sie beziehen sich auf unsichtbare, mentale Zustände.
    b. Sie entwickeln sich bereits in der frühen Kindheit.
    c. Sie stellen grundsätzlich objektiv nachvollziehbare Zusammenhänge dar.
    d. Sie sind durch subjektive Ursache-Wirkungs-Zusammenhänge miteinander verknüpft.

7.3 Richtig oder falsch?

20. Die Art und Anzahl der Konzepte, die Kinder in den ersten Lebensjahren nutzen, um die materielle Welt zu erfassen und zu kategorisieren, sind universell. [S. 241]
    - richtig
    - falsch

21. Kinder im Vorschulalter haben in der Regel noch kein Wissen über biologische Prozesse wie Vererbung und Verdauung erworben, wenn sie noch keine formelle Bildung erhalten haben. [S. 252]
    - richtig
    - falsch

22. Essenzialismus bezeichnet die (kindliche) Ansicht, dass lebendige Dinge im Inneren ein Wesen besitzen, das sie zu dem macht, was sie sind. [S. 253]
    - richtig
    - falsch

23. Die Entwicklung des kindlichen Verständnisses für Zukunft und Vergangenheit erfährt in den ersten fünf Jahren keine qualitativ bedeutsamen Veränderungen. [S. 262]
    - richtig
    - falsch

24. Kinder unter sieben Jahren sind nicht in der Lage, das Besondere an „Zaubertricks“ zu erkennen, weil sie noch kein Verständnis für physikalische Ursache-Wirkungs-Zusammenhänge entwickelt haben. [S. 257]
    - richtig
    - falsch

7.4 Zur Vertiefung

Weiterführende Studie

- Dähne, V., Klein, A., Jungmann, T., et al. (2018). Einflussfaktoren auf die Theory of Mind-Entwicklung im Vorschulalter im Rahmen Früher Hilfen. *Praxis der Kinderpsychologie und Kinderpsychiatrie*, 67(5), 442–461. [Aufgabe 7.4]
- Wynn, K. (1995). Infants possess a system of numerical knowledge. *Current Directions in Psychological Science*, 4, 172–177. [Aufgabe 7.16]

Intelligenz und schulische Leistungen

M. Stolarova, S. Pauen, *Prüfungstrainer zur Entwicklungspsychologie im Kindes- und Jugendalter*,
https://doi.org/10.1007/978-3-662-59392-9_8

8.1 Offene Fragen

Intelligenz und Intelligenzquotient

1. Formulieren Sie zunächst eine Definition des Konzeptes Intelligenz, ohne direkt auf die drei möglichen Analyseebenen Bezug zu nehmen, und beantworten Sie dabei die Frage „Was ist Intelligenz?". [S. 277 f.]
2. Beschreiben Sie das Drei-Schichten-Modell der Intelligenz und zeichnen Sie einen Ausschnitt als Flussdiagramm. Berücksichtigen Sie dabei mindestens zwei allgemeine Fähigkeiten der mittleren Ebene. [S. 277 f.]
3. Intelligenztests sollen Intelligenz als Konzept erfassen. Gleichzeitig wird häufig behauptet, Intelligenz sei das, was der Intelligenztest misst. Beziehen Sie Stellung zu diesen kontroversen Aussagen. Finden Sie dabei jeweils mindestens drei Argumente, die für die Nützlichkeit von Intelligenztests sprechen, und drei, die auf Schwierigkeiten beim Einsatz und der Interpretation hinweisen. [S. 277 f., 279]
4. Der Intelligenzquotient (IQ) ist ______________________________. [S. 280]
5. Was ist eine Normalverteilung? Warum ist diese für die Intelligenzdiagnostik relevant? Nennen Sie ein Beispiel für eine andere normalverteilte Variable. [S. 280 f.]
6. Warum wird der IQ als eine der stabilsten Persönlichkeitseigenschaften bezeichnet? Finden Sie zwei Argumente für und zwei gegen diese Aussage. [S. 281 f.]
7. Sandra Scarr beschrieb passive, evozierende und aktive Wirkungen des kindlichen Genotyps auf die Anlage-Umwelt-Interaktion, die die kindliche Intelligenz beeinflussen. Definieren und beschreiben Sie kurz jede dieser Wirkungsarten und geben Sie jeweils mindestens ein konkretes Beispiel. [S. 285]
8. Der relative Einfluss genetischer Faktoren und Umweltvariablen auf die menschliche Intelligenz verändert sich im Lebensverlauf. Beschreiben Sie diese Veränderungen von der frühen Kindheit bis zur Pubertät und erklären Sie, mit welchen Methoden diese Erkenntnisse gewonnen wurden. [S. 284 f.]
9. Was ist der *Flynn-Effekt*? Warum wird dieser als ein Beleg für die Bedeutung der Umwelt bei der Intelligenzentwicklung angesehen? [S. 287]
10. Die durchschnittlichen IQ-Wert-Unterschiede zwischen weißen und dunkelhäutigen Amerikanern lagen in den 1960er- und 1970er-Jahren bei etwa 15 Punkten oder einer Standardabweichung, heute sind es (je nach Studie) noch 7–11 Punkte. Manche Wissenschaftler sehen darin einen Beleg für genetisch festgelegte Unterschiede intellektueller Potenziale. Welche Alternativerklärungen können Sie finden? [S. 288 f.]

In dem Lehrbuch ist die Rede von flüssiger und kristalliner Intelligenz, die korrekte Übersetzung aus dem Englischen, die auch in älteren Auflagen zu finden ist, lautet fluide und kristalline Intelligenz.

11. Über welche Mechanismen wirkt sich Armut auf die Entwicklung der kindlichen Intelligenz aus? [S. 288]
12. Warum entwickelte Gardner (1993) die Theorie der multiplen Intelligenzen? Nennen Sie alle acht Intelligenztypen nach Gardner, geben Sie jeweils ein Beispiel für die damit gemeinten Fähigkeiten und beschreiben Sie drei der Intelligenztypen ausführlicher (tabellarisch) [S. 293 f.]
13. Beschreiben Sie die fünf Stufen der Leseentwicklung nach Chall (1979). Geben Sie für jede Stufe ein Beispiel dafür, wie sich Entwicklungsschwierigkeiten äußern könnten. [S. 294]
14. Was ist *phonologische Bewusstheit* und wie hängt diese mit der Entwicklung der Lesefähigkeit zusammen? Wie kann man mit Vorschulkindern im Alltag phonologische Bewusstheit trainieren? [S. 294 f.]
15. Dyslexie bezeichnet ________________________. [S. 297]
16. Wer formulierte die Theorie der Erfolgsintelligenz? Vergleichen Sie diese mit der Theorie der Multiplen Intelligenzen und mit Caroll's Drei-Schichten-Intelligenzmodell. [S. 293 f., 278]
17. Beschreiben Sie das hypothetische Verhalten eines 12-jährigen Kindes, das zwar stark ausgeprägte analytische und kreative Fähigkeiten besitzt, jedoch mangelhafte praktische Fähigkeiten (nach Sternberg, 1999). Wird dieses Kind Ihrer Meinung nach erfolgreich in der Schule sein? Warum? [S. 294]
18. Einige Krankenkassen und einige Gemeinden in Deutschland schenken Kindern unter zwei Jahren (und ihren Familien) flächendeckend Bücherpakete. Auf welche Forschungsergebnisse könnten solche Maßnahmen beruhen und welches Ziel haben diese wahrscheinlich? [S. 298]
19. Warum ist für die Diagnostik spezifischer Lernstörungen wie Dyslexie oder Dyskalkulie die Feststellung einer unbeeinträchtigten Intelligenzentwicklung notwendig?

Nachdem Sie sich ausführlich mit den Hintergründen von Intelligenztests auseinandergesetzt haben, bietet es sich vielleicht an, selbst einen Intelligenztest zu machen: ▶ https://iqtest.sueddeutsche.de/ Sie haben hier die Möglichkeit, verschiedene Typen von Testaufgaben kennenzulernen. Versuchen Sie, diese den einzelnen Intelligenzkomponenten und Ebenen zuzuordnen, um sich die dazugehörigen Intelligenzmodell besser merken zu können.

8.2 Multiple Response

20. Welche der folgenden Intelligenzkomponenten gehören *nicht* zu den acht Fähigkeiten mittlerer Ebenen im Intelligenzkonzept von John Caroll? [S. 278]
    a. Kristalline Intelligenz
    b. Visuelle Wahrnehmung
    c. Verarbeitungsgeschwindigkeit
    d. Allgemeine Intelligenz
    e. Flüssige Intelligenz
    f. Kognitive Schnelligkeit
    g. Gedächtnisabruf

h. Allgemeinwissen
i. Lernen und Gedächtnis
j. Gedächtnisspanne
k. Kreativität
l. Wortschatz
m. Räumliches Denken

21. In einer Normalverteilung [S. 280 f.]
    a. liegen 68 % der Messwerte innerhalb einer Standardabweichung links und rechts vom Mittelwert entfernt.
    b. ist der Mittelwert immer 100.
    c. liegen 95 % der Messwerte innerhalb von zwei Standardabweichungen links und rechts vom Mittelwert entfernt.
    d. sind die Messwerte symmetrisch um den Mittelwert verteilt.
    e. sinkt die Wahrscheinlichkeit, dass ein bestimmter Messwert erreicht wird, mit zunehmender Entfernung vom Mittelwert.
    f. entspricht eine Standardabweichung immer 15 Messpunkten.
    g. liegen die meisten Messwerte nah am Mittelwert.

22. Folgende Faktoren können den erreichten IQ-Testwert im Alter von zehn Jahren *nicht* beeinflussen. [S. 288]
    a. Mangelernährung der Mutter in der Schwangerschaft
    b. Unterernährung des Säuglings
    c. Bildungsstand der Eltern
    d. Bekanntheitsgrad der Testaufgaben
    e. Ausgelassene Mahlzeiten am Testtag
    f. Institutionalisierung und Vernachlässigung im ersten Lebensjahr
    g. Wiederholte Infektionserkrankungen im letzten Jahr vor der Testung
    h. Schlafmangel
    i. Familieneinkommen in den drei Jahren vor der Testung
    j. Familiäre Kriegs- und Fluchterfahrung vor dem achten Geburtstag des Kindes
    k. Mehr als fünf Geschwister
    l. Angsterkrankung der Mutter

23. Die wegweisende Studie von Sameroff und Kollegen (1993) zeigte unter anderem, dass [S. 289 f.]
    a. der IQ eines Kindes tendenziell umso niedriger ist, je mehr Risiken in seiner Umwelt gemessen wurden.
    b. die Risikokumulation zwar bei vierjährigen Kindern mit niedrigeren IQ-Werten assoziiert ist, nicht aber bei 13-jährigen.
    c. die Anzahl von Risikofaktoren ein besserer Prädikator für den kindlichen IQ war als das Vorhandensein irgendeines Risikofaktors.

   d. Umweltrisiken sowohl unmittelbare als auch langfristige Auswirkungen auf die kindliche Intelligenz haben können.
   e. eine Verbesserung der Umweltbedingungen, in denen ein Kind aufwächst, keine Auswirkung auf seine Intelligenz hat, wenn diese erst nach dem vierten Lebensjahr stattfindet.
   f. IQ-Werte, aber auch die Art und die Anzahl der Risikofaktoren, denen Kinder ausgesetzt sind, über die Kindheit hinweg relativ stabil sind.

24. Der Flynn-Effekt wird auf folgende Faktoren zurückgeführt: [S. 287]
   a. Verbesserte Gesundheitsversorgung
   b. Einführung der allgemeinen Schulpflicht
   c. Erhöhung der durchschnittlichen Körpergröße
   d. Bessere Ernährungssituation
   e. Genetische Veränderungen
   f. Erhöhung des durchschnittlichen Gehirnvolumens
   g. Vermehrte Verfügbarkeit von Informationen durch elektronische Medien

25. Zum metakognitiven Verstehen beim Schreiben gehören folgende Aspekte: [S. 300]
   a. Das Verständnis, dass Leser und Schreiber nicht (notwendigerweise) über dasselbe Wissen verfügen
   b. Allgemeinwissen
   c. Die Erkenntnis, dass Planung und Überarbeitung zum (erfolgreichen) Schreibprozess dazugehören
   d. Eine lesbare Handschrift

26. Ein anderer Begriff für Rechenschwäche ist
   a. Dyslexie.
   b. Dyskalkulie.
   c. Dysnumerie.
   d. Dystrophie
   e. Dysgraphie.

8.3 Richtig oder falsch?

27. Alfred Binet entwickelte den ersten Intelligenztest für Kinder, um hochbegabte Schüler identifizieren zu können. [S. 276]
   - richtig
   - falsch

28. IQ-Werte erlauben den Vergleich von Leistungen über Altersstufen hinweg. [S. 281]
   - richtig
   - falsch

29. Der IQ ist der einzige Prädikator für den Schulerfolg von Kindern in der Grundschule. [S. 283]
   - richtig
   - falsch

30. Der relative Einfluss von geteilter und nicht geteilter Umwelt auf die Intelligenz der Kinder (und damit die vermutete Relation zwischen Genen und Umwelt) kann in Abhängigkeit von der sozialen und ethnischen Herkunft und in Abhängigkeit vom Alter eines Menschen variieren. [S. 286]
   - richtig
   - falsch

31. Je länger der Schulbesuch andauert, desto höher fällt der (durchschnittliche) IQ aus. [S. 287]
   - richtig
   - falsch

32. In den Sommerferien sinkt der durchschnittliche IQ von Schülern, die wenig(er) intellektuelle Anregung erfahren. [S. 287]
   - richtig
   - falsch

33. Der Anstieg der durchschnittlichen IQ-Werte, der in vielen (Industrie-)Ländern im 20. Jahrhundert beobachtet wurde, scheint sich gleichmäßig auf alle IQ-Perzentil-Bereiche auszuwirken. [S. 287]
   - richtig
   - falsch

34. Armut an sich hat keinen Einfluss auf die kindliche Intelligenzentwicklung, die beobachtbaren Effekte sind ausschließlich auf konfundierte Faktoren (z. B. den Bildungsstand der Eltern) zurückzuführen. [S. 288]
   - richtig
   - falsch

35. Die Auswirkungen von Umweltrisiken auf die Intelligenzentwicklung von Kindern und Jugendlichen sind kumulativ. [S. 289 f.]
   - richtig
   - falsch

36. Die Zunahme des IQ ist das einzige sinnvolle Evaluationskriterium, um den Erfolg von Interventionsprogrammen zur Förderung benachteiligter Kinder zu überprüfen. [S. 292]
   - richtig
   - falsch

Lerntipp: „Testsmart“ bezeichnet die Kompetenz, sich auf Prüfungen gezielt vorbereiten und eigenständig günstige Rahmenbedingung für die Prüfung schaffen zu können. Überlegen Sie und besprechen Sie mit Ihren Dozenten, wie Sie Ihre Prüfung (mit)gestalten können, um für sich und Ihre Kommilitonen bessere Ergebnisse zu erreichen.

37. Das Carolina Abecedarian Project ist ein Beispiel für ein umfassendes und erfolgreiches Frühförderprogramm für Kinder aus schwierigen sozialen Verhältnissen. [S. 291]
    - richtig
    - falsch

38. In Deutschland existiert ein einheitliches, bundesweites und gut zugängliches Frühförderprogramm, das darauf abzielt, Entwicklungsnachteile von Kindern aus schwierigen sozialen Verhältnissen auszugleichen. [S. 292]
    - richtig
    - falsch

39. Intelligenz ist ein Konzept, über dessen genaue Ausprägungsvarianten in der Entwicklungspsychologie breiter Konsens herrscht. [S. 277]
    - richtig
    - falsch

40. Die vorschulische Erfahrung und Bildung spielt *keine* Rolle für die Entwicklung späterer mathematischer Kompetenzen. [S. 303]
    - richtig
    - falsch

41. Kinder, bei denen eine Rechenschwäche attestiert wurde, weichen auch in ihrem Intelligenzquotienten negativ vom Normbereich ab. [S. 304]
    - richtig
    - falsch

42. Die Einflüsse der familiären Umgebung und des kindlichen Genotyps auf die phänotypische Intelligenz können meist zuverlässig voneinander getrennt werden. [S. 285 f.]
    - richtig
    - falsch

43. Wenn die Grundlagen des Lesens erworben wurden, spielt es für das Leseverständnis keine Rolle mehr, wie viel ein Kind liest. [S. 297 f.]
    - richtig
    - falsch

44. Sprachverständnis ist unwesentlich für den Erwerb mathematischen Wissens.
    - richtig
    - falsch

8.4 Zur Vertiefung

- **Weiterführende Videos**
  - James Flynn erklärt auf der TED-Konferenz im Jahr 2013, warum unsere IQ-Niveaus höher sind als die unserer Großeltern. https://www.ted.com/talks/james_flynn_why_our_iq_levels_are_higher_than_our_grandparents#t-5517. Zugegriffen: 21. Juni 2019. [Aufgabe 8.8]
  - Eine wirklich sehenswerte BBC-Dokumentation mit kurzem historischem Abriss zur Intelligenztestung und einem Experiment mit verschiedenen Arten von Intelligenz und Intelligenztests finden Sie hier: https://www.dailymotion.com/video/x1hfcuo. Zugegriffen: 21. Juni 2019.

- **Vertiefende Originalliteratur**
  - Chall, J. (1979). The great debate: Ten years later, with a modest proposal for reading stages. In: L. B. Resnick, & P. A. Weaver (Eds.), *Theory and practice of early reading* (vol. 1, pp. 29–55). Hillsdale, NJ: Erlbaum. [Aufgabe 8.13]
  - Gardner, H. (1993). *Multiple intelligences: The theory in practice*. New York: Basic Books. [Aufgabe 8.12]
  - Sameroff, A. J., Seifer, R., Baldwin, A., et al. (1993). Stability of intelligence from preschool to adolescence: The influence of social and family risk factors. *Child Development*, 64, 80–97.
  - Sternberg, R. J. (1999). The theory of successful intelligence. *Review of General Psychology*, 3, 292–316. doi:https://doi.org/10.1037/1089-2680.3.4.292. [Aufgabe 8.17]

- **Die Probe aufs Exempel!**
  - Die Normalverteilung ist fast überall zu finden. Aber was steckt hinter der Normalverteilung? Lesen und testen Sie: http://www.gauss-goettingen.de/gauss_kniffelig_norm.php. Zugegriffen: 21. Juni 2019. [Aufgabe 8.22]

- **Nehmen Sie Einblick in den IQ-Test nach A. Binet**
  - Funke, F. (2006). Alfred Binet (1857 bis 1911) und der erste Intelligenztest der Welt. In: G. Lamberti (Hrsg), *Intelligenz auf dem Prüfstand. 100 Jahre Psychometrie* (S. 23–40). Göttingen: Vandenhoeck & Ruprecht. [Aufgabe 8.28]

Theorien der sozialen Entwicklung

M. Stolarova, S. Pauen, *Prüfungstrainer zur Entwicklungspsychologie im Kindes- und Jugendalter*,
https://doi.org/10.1007/978-3-662-59392-9_9

9.1 Offene Fragen

Psychoanalytische Entwicklungstheorien

1. Warum wird Freuds Theorie als eine Theorie der psychosexuellen Entwicklung bezeichnet? [S. 316]
2. Welche Gemeinsamkeiten finden Sie beim Vergleich der Entwicklungstheorien von Freud und von Erikson? [S. 315]
3. Die erogenen Zonen nach Sigmund Freud sind ___________ ___________ [S. 316].
4. Definieren und beschreiben Sie die instinktiven Triebe, die nach Sigmund Freud für das menschliche Verhalten und die menschliche Entwicklung bestimmend sind. Nennen Sie ein konkretes Beispiel für einen solchen Trieb und geben Sie an, in welchem Alter dieser nach Freud besonders wirksam sein soll. [S. 316]
5. Woher stammen die Bezeichnungen für die fünf Entwicklungsphasen nach Freud? Nennen Sie diese und geben Sie das ungefähre Alter an, in dem die Phasen jeweils nach Freud erreicht werden sollten. [S. 316–318]
6. Erörtern Sie die Begriffe „Lustprinzip" und „Realitätsprinzip" im Sinne der psychoanalytischen Theorie von Freud. Finden Sie jeweils ein Beispiel für Verhaltensweisen von Kindern, die diesen beiden Prinzipien zugeordnet werden können. [S. 316 f.]
7. Welche Verbindung sah Sigmund Freud zwischen dem Penisneid, den kleine Mädchen seiner Meinung nach etwa zwischen dem dritten und dem sechsten Lebensjahr empfinden, und der Entwicklung von Geschlechtsunterschieden im Erleben und Verhalten? [S. 317]
8. Wie unterscheiden sich nach Sigmund Freud die Persönlichkeitsstrukturen „Ich" und „Über-Ich"? Nennen Sie jeweils ein Beispiel für konkrete „Aufgaben" beider Strukturen. [S. 316 f.]
9. Welchen wesentlichen Unterschied erkennen Sie zwischen den psychoanalytischen Theorien von Freud und von Erikson? Welchen wesentlichen Beitrag leisten beide zum theoretischen Verständnis von Entwicklungsprozessen über die Lebensspanne? [S. 315–320, 320 f.]
10. Stellen Sie sich vor, Freud und Watson würden sich darüber unterhalten, welche Mechanismen die kindliche Entwicklung bestimmen. Welche Ansicht würden die beiden Theoretiker jeweils vertreten und welche Beispiele würden sie als (vermeintliche) Beweise ihrer Theorien anführen? [S. 316–318, 321 f.]

Verhaltenstheoretische/behavioristische Entwicklungsansätze

11. Sie möchten einem vierjährigen Kind das Quengeln nach Süßigkeiten an der Supermarktkasse abgewöhnen und wollen dabei auf lerntheoretische Ansätze zurückgreifen. Wenn Sie das Prinzip der *intermittierenden Verstärkung* nicht kennen würden, welcher Fehler könnte Ihnen dabei unterlaufen? [S. 223]

12. Systematische Desensibilisierung ist eine weitverbreitete therapeutische Methode, die auf die Prinzipien des klassischen Konditionierens aufbaut und häufig die Verminderung von phobischer Angst zum Ziel hat. Beschreiben Sie eine Interventionsmöglichkeit, bei der die systematische Desensibilisierung mit (operanter) Verhaltensmodifikation kombiniert werden kann. [S. 322]
13. Definieren Sie den Begriff „Selbstsozialisation". Welchen theoretischen Ansätzen wird dieser zugeordnet? Warum? [S. 327 f.]
14. Der *feindliche Attributionsfehler* in Dodges Theorie ist ________________________. [S. 329]
    Ein Beispiel für einen solchen Fehler wäre __________________________.
15. Inwieweit können die Mechanismen der *Hilflosigkeitsorientierung* und der *Bewältigungsorientierung* die Anstrengungsbereitschaft von Grundschülern beeinflussen? Bringen Sie beide Konzepte in Zusammenhang mit der sich selbsterfüllenden Prophezeiung. [S. 329, 330]
16. In den letzten Jahren werden Pädagogen und Eltern vermehrt dazu angehalten, nicht die erreichte Leistung oder die Klugheit eines Kindes zu loben, sondern seine Bemühung und Anstrengung. Welche theoretischen Annahmen verbergen sich hinter dieser Empfehlung? Welche Probleme sehen Sie darin und warum? [S. 330 f.]
17. Wie würden Psychoanalytiker, Vertreter der sozialen Lerntheorien und Ethnologen die unterschiedliche Spielzeugpräferenz erklären, die Mädchen und Jungen etwa ab dem zweiten Geburtstag zeigen? Welches dieser Erklärungsmodelle erscheint Ihnen am vernünftigsten? Warum? [S. 318, 324–326, 333]

Bronfenbrenner und die bioökologischen Entwicklungsmodelle

18. Beschreiben Sie ein konkretes (dann anonymisiert, sprechen Sie nicht von sich in der ersten Person und nennen Sie keine Namen) oder fiktives Kind in Interaktion mit jeder der Umweltebenen nach Bronfenbrenner. Beachten Sie dabei die Wechselwirkungen zwischen den Ebenen und die Bidirektionalität der Beziehung zwischen Kind und Umwelt. Nennen Sie Entwicklungschancen oder Entwicklungsrisiken, die mit jeder dieser Ebenen verbunden sind. [S. 336 f.]
19. Nutzen Sie das bioökologische Modell von Bronfenbrenner, um die Auswirkungen von Armut auf die kindliche Entwicklung zu systematisieren. [S. 336–338, 345]
20. Welche Unterschiede und welche Gemeinsamkeiten können Sie feststellen, wenn Sie die kognitive und die soziale Entwicklung im ersten Lebensjahr vergleichen? Wie spiegeln sich diese Unterschiede in den jeweiligen theoretischen Ansätzen wider? [S. 316 f., 319, 321 f., 324]

21. Freud behauptete, Säuglinge empfinden beim Stillen Lust. Nehmen Sie dazu Stellung. [S. 316 f.]
22. Sigmund Freud kannte den Begriff „Impulskontrolle" nicht. Wie würde er diesen Ihrer Meinung nach einordnen und warum? [S. 100, 317]
23. Einen Vorwurf, den man der Freud'schen Entwicklungstheorie machen kann, ist, dass sie deutlichere Vorhersagen für die Entwicklung von Jungen als für die Entwicklung von Mädchen macht. Wie sehen Sie das? [S. 316–318]
24. Beschreiben Sie die Entwicklung eines fiktiven Jungen, der nach Freud erfolgreich alle fünf Entwicklungsphasen durchläuft und zu einem gesunden Erwachsenen heranreift. [S. 316–318]
25. Beschreiben Sie die Entwicklung eines fiktiven Mädchens, das nach Erikson erfolgreich die fünf Entwicklungsaufgaben bis zur Pubertät löst und zu einer gesunden Jugendlichen heranreift. [S. 319 f.]
26. Piaget und Erikson fokussierten unterschiedliche Entwicklungsbereiche, dabei begingen sie jedoch einen ähnlichen methodischen Fehler. Welchen? [S. 118, 331, 318–320]
27. Würde Skinner die Vorstellung Banduras vom reziproken Determinismus unterstützen? Warum (nicht)? [S. 324, 326, 323]
28. Die Begriffe „Perspektivübernahme", „kindlicher Egozentrismus" und „TOM" entstammen unterschiedlichen theoretischen Ansätzen. Welchen? Welche Unterschiede und welche Gemeinsamkeiten sehen Sie zwischen diesen Konzepten? [S. 328, 125 f., 245 f.]
29. In welchem Zusammenhang stehen die Begriffe „Bindung" und „Prägung"? Nennen Sie jeweils ein Beispiel. [S. 332 f., 398 f.]
30. Psychoanalytische und evolutionspsychologische Theorien der Entwicklung unterscheiden sich in Bezug auf die Inhalte und die Konzepte sehr stark voneinander, auch liegen zwischen ihnen etwa 100 Jahre. Welche methodische Schwäche teilen sie dennoch miteinander? [S. 315, 320, 334–336]

Lerntipp: Je mehr unterschiedliche Entwicklungstheorien und Modelle Sie kennen, desto wichtiger ist es, diese systematisch zueinander in Beziehung zu setzen. Spielen Sie mit den Widersprüchen, decken Sie Parallelen auf, nehmen Sie systematisch unterschiedliche Perspektiven ein, um diese verstehen und einordnen zu können.

9.2 Multiple Response

31. Welche der folgenden Theoretiker prägten lerntheoretische Ansätze der sozialen Entwicklung? [S. 321, 323, 324]
    a. Erikson
    b. Freud
    c. Skinner
    d. Wygotski
    e. Watson
    f. Piaget

32. Welche der folgenden Konzepte sind *keine* Persönlichkeitsstrukturen nach Sigmund Freud? [S. 316 f.]
    a. Es
    b. Orale Phase
    c. Ich
    d. Er
    e. Elektra-Komplex
    f. Über-Ich
    g. Internalisierung

33. Behavioristische Ansätze gehen davon aus, dass [S. 321 f.]
    a. angeborene Triebe den Entwicklungsprozess bestimmen.
    b. die Umwelt eines Kindes für die Entwicklung seiner sozialen Fähigkeiten und kognitiven Kompetenzen verantwortlich ist.
    c. ein großer Teil der Motivation menschlichen Handelns unbewusst ist.
    d. die frühen Beziehungen des Säuglings für den Verlauf seiner sozialen Entwicklung entscheidend sind.
    e. klassisches und operantes Konditionieren wesentlichen Einfluss auf die kindliche Entwicklung haben.
    f. das Ignorieren unerwünschten Verhaltens eine wirksame Strategie ist, um es Kindern abzugewöhnen.

34. Selmans Stufentheorie der Perspektivübernahme ist [S. 328 f.]
    a. eine Theorie der sozialen Kognition.
    b. ein psychoanalytischer Ansatz.
    c. eine Theory of Mind (TOM).
    d. eine Theorie, die sich mit der Sozialentwicklung von Kindern befasst.
    e. eine aktuelle Perspektive.

9.3 Richtig oder falsch?

35. Sigmund Freud ist der einzige einflussreiche Vertreter psychoanalytischer Entwicklungstheorien. [S. 318, 346]
    - richtig
    - falsch

36. In der psychoanalytischen Theorie von Sigmund Freud werden Verhalten und Entwicklung durch die Bewältigung festgelegter Entwicklungskrisen vorangetrieben. [S. 315]
    - richtig
    - falsch

37. Sigmund Freud hat Psychologie (mit Schwerpunkt Entwicklungspsychologie) studiert. [S. 315]
    - richtig
    - falsch

38. Albert Bandura nahm an, dass soziales Lernen notwendigerweise auf Verstärkung und Bestrafung beruhen muss. [S. 324]
    - richtig
    - falsch

39. Bronfenbrenner ging davon aus, dass Wechselwirkungen zwischen dem Kind und allen Einflussebenen der kindlichen Umwelt bestehen können. [S. 336]
    - richtig
    - falsch

40. Es gibt keine eindeutigen Zusammenhänge zwischen der Art und der Dauer des kindlichen Konsums elektronischer Medien und der sozialen Entwicklung. [S. 342]
    - richtig
    - falsch

41. Soziale Entwicklung und kognitive Entwicklung verlaufen vollkommen unabhängig voneinander. [z. B. S. 324]
    - richtig
    - falsch

42. Das Ausschimpfen eines Kindes stellt eine Art Aufmerksamkeit gegenüber dem Kind dar, die unerwünschte Verhaltensweisen verstärken und damit dazu beitragen kann, dass diese fortbestehen. [S. 324]
    - richtig
    - falsch

9.4 Zur Vertiefung

- **Weiterführende Literatur**
  - *Freuds gesammelte Werke* zum freien Download: http://freud-online.de/index.php?page=home&f=1&i=home. Zugegriffen: 21. Juni 2019. [Aufgabe 9.1]

- **Weiterführende Originalliteratur**
  - Bronfenbrenner, U. (1981). *Die Ökologie der menschlichen Entwicklung*. Stuttgart: Klett. [Aufgabe 9.18]

Emotionale Entwicklung

M. Stolarova, S. Pauen, *Prüfungstrainer zur Entwicklungspsychologie im Kindes- und Jugendalter*,
https://doi.org/10.1007/978-3-662-59392-9_10

10.1 Offene Fragen

Walter Mischel ist der Forschungsvater des Marshmallow-Tests, eines der berühmtesten Experimente zur Selbstkontrolle im Kindesalter. Sie finden hier ein sehr sehenswertes Interview mit ihm:
► https://psychologie-lernen.de/2017/12/25/der-marshmallow-test-walter-mischel-im-interview/.

1. Wie hängen soziale Fähigkeiten und emotionale Intelligenz zusammen? [S. 354 f., 368 f.]
2. Eines der berühmtesten Experimente der Entwicklungspsychologie ist das sogenannte „Marshmallow-Experiment". Was ist die zentrale Erkenntnis daraus, und warum hat diese Studie Ihrer Meinung nach einen so großen Einfluss auf unser Denken über die kindliche Entwicklung erlangt? [S. 354 f.]
3. Welche Komponenten kennzeichnen Emotionen im Sinne psychologischer und psychophysiologischer Forschung? Wie verhalten sich Emotionen zu den umgangssprachlichen Gefühlen? [S. 355 f.]
4. Definieren Sie „Fremdeln". In welchem Alter beginnen die meisten Kinder, diese emotionale Reaktion zu zeigen? [S. 259 f.]
5. Was ist *emotionale Selbstregulierung*? Welche Aspekte sind daran beteiligt, und wofür ist diese Fähigkeit ein guter Prädikator? [S. 366]
6. Soziale Kompetenz ist ______________________. [S. 368]
   Ein Beispiel für eine konkrete Fähigkeit aus diesem Kompetenzbereich ist ______________________.
   Diese beginnt sich etwa im Alter von ______________________ auszubilden. [S. 366–369]
7. Was versteht man unter dem Begriff „Temperament" und warum nimmt man an, dass diesbezüglich bereits von Geburt an interindividuelle Unterschiede bestehen? [S. 369 f.]
8. Nennen Sie drei verschiedene Herangehensweisen, um das Temperament zu messen, und erläutern Sie jeweils die Vor- und Nachteile der Methoden. [S. 373]
9. Was ist Sozialisation und für wen und/oder was ist sie von Bedeutung? Warum? [S. 376–378]
10. Persönlichkeit ist ______________________.
    In welchem Alter gilt die Entwicklung der Persönlichkeit als abgeschlossen und unveränderbar?
11. Beschreiben Sie in maximal zwei Sätzen, warum der Begriff „selbstbewusste Emotionen" eine unglückliche Übersetzung aus dem Englischen ist und nicht das wiedergibt, was der Begriff „self-conscious emotions" eigentlich bedeutet. [S. 361 f.]
12. Warum betrachten manche Forscher Schuldempfindungen von Kleinkindern als nützlicher und weniger gefährdend für das kindliche Selbst als Schamgefühle? [S. 362]
13. Thomas und Chess (1977) identifizierten drei Arten von Säuglingstemperament. Rothbart und Bates (1998) sprachen von sechs Dimensionen des kindlichen Temperaments. Bitte

beziehen Sie diese zwei Einteilungen des Temperaments aufeinander. Geben Sie jeweils ein konkretes Beispiel für eine Verhaltensweise, die zu den einzelnen Temperamentarten passt. Können Sie sich vorstellen, dass dasselbe Baby manchmal der einen und manchmal der anderen Kategorie zugeordnet werden könnte? Warum (nicht)? [S. 370 f.]

10.2 Multiple Response

14. Welche der folgenden Emotionen gehören *nicht* zu den sogenannten „selbstbewussten Emotionen“? [S. 361]
    a. Scham
    b. Wut
    c. Stolz
    d. Angst
    e. Freude
    f. Verlegenheit bzw. Schüchternheit
15. Soziales Referenzieren ist [S. 380 f.]
    a. das Ausmaß, in dem das Temperament eines Individuums mit den Anforderungen und Erwartungen seiner sozialen Umwelt übereinstimmt.
    b. eine wichtige Voraussetzung für die Entwicklung der emotionalen Selbstregulierung.
    c. die Verwendung mimischer oder stimmlicher Hinweise der erwachsenen Bezugspersonen, um zu entscheiden, wie mit unbekannten Objekten oder Situationen umzugehen ist.
    d. eine auf dem Temperament beruhende Verhaltenstendenz zu prosozialem Handeln.
16. Nach Thomas und Chess zeichnet sich ein schwieriges Baby dadurch aus, dass es [S. 370]
    a. neue Erfahrungen bewusst sucht.
    b. aktiv Alltagsroutinen mitgestaltet.
    c. sich langsam auf neue Erfahrungen einstellt.
    d. negativ auf neue Reize reagiert.

10.3 Richtig oder falsch?

17. Sensitive Eltern von Säuglingen unter zwei Monaten können leicht und zuverlässig unterscheiden, ob der Säugling Trauer, Angst oder Wut ausdrückt. [S. 357]
    - richtig
    - falsch

18. Die meisten Säuglinge zeigen soziales, an Menschen gerichtetes Lächeln schon wenige Stunden oder Tage nach der Geburt. [S. 358]
    - richtig
    - falsch

19. Trennungsangst ist eine auf westliche Kulturen beschränkte emotionale Reaktion. Sie tritt insbesondere bei Erstgeborenen und Einzelkindern auf. [S. 360]
    - richtig
    - falsch

20. Ablenkung ist keine effektive Strategie zur emotionalen Selbstregulation. [S. 366 f.]
    - richtig
    - falsch

21. Schwieriges kindliches Temperament kombiniert mit ungünstiger (z. B. strafender oder vernachlässigender) Erziehung erhöht die Wahrscheinlichkeit für Anpassungsschwierigkeiten im Kindes- und Jugendalter. [S. 375]
    - richtig
    - falsch

22. Laborstudien eignen sich nicht dazu, Temperament zu messen. [S. 372]
    - richtig
    - falsch

23. Die Beziehung zwischen kindlichem Temperament und elterlicher Erziehung ist unidirektional, d. h. das Kind wirkt auf das Verhalten seiner Eltern ein, aber nicht umgekehrt. [S. 375]
    - richtig
    - falsch

24. Aus ängstlichen Kindern werden tendenziell häufiger ängstliche und vorsichtige Jugendliche und Erwachsene. [S. 374]
    - richtig
    - falsch

25. Ob und welche Emotionen in welchem Umfang in der Familie zum Ausdruck gebracht werden, beeinflusst weder die Emotionalität von Vorschulkindern noch das Metawissen über Emotionen. [S. 376]
    - richtig
    - falsch

26. Psychophysiologische Studien deuten darauf hin, dass Säuglinge bereits vor Ende des ersten Lebensjahres in der

Lage sind, fröhliche, überraschte, ängstliche und wütende Gesichtsausdrücke voneinander zu unterscheiden. [S. 380]
- richtig
- falsch

Lerntipp: Eigene Fragen zum Lernstoff zu formulieren, kann Ihnen helfen, diese zu strukturieren und zu begreifen.

27. Die meisten Kinder nutzen bereits im Alter von einem Jahr die emotionalen Gesichtsausdrücke ihnen nahestehender Personen, um zu beurteilen, wie sie sich einer unbekannten Person gegenüber verhalten sollen. [S. 380 f.]
    - richtig
    - falsch
28. Kinder vor der Pubertät sind nicht in der Lage zu verstehen, dass Menschen bewusst emotionale Zustände vortäuschen bzw. ihre wahren Empfindungen verbergen können. [S. 382 f.]
    - richtig
    - falsch
29. Kompetente Eltern können aus jedem Kind ein gut angepasstes, gesundes und zufriedenes Kind machen. [S. 374 f., 376]
    - richtig
    - falsch

10.4 Zur Vertiefung

- **Vertiefende Originalliteratur**
  - Rothbart, M. K., & Bates, J. E. (1998). Temperament. In: N. Eisenberg (Ed.), *Handbook of child psychology: Social, emotional, and personality development* (5th ed., vol. 3, pp. 105–176). New York, NY: Wiley. [Aufgabe 10.13]
  - Thomas, A., & Chess, S. (1977). *Temperament and development*. New York, NY: Brunner/Mazel. [Aufgabe 10.13]

- **Weiterführende Studie**
  - Freund, J.-D., Linberg, A., & Weinert, S. (2017). Einfluss eines schwierigen frühkindlichen Temperaments auf die Qualität der Mutter-Kind-Interaktion unter psychosozialen Risikolagen. *Zeitschrift für Entwicklungspsychologie und Pädagogische Psychologie*, 49, 197–209. [Aufgabe 10.26]

Bindung und die Entwicklung des Selbst

M. Stolarova, S. Pauen, *Prüfungstrainer zur Entwicklungspsychologie im Kindes- und Jugendalter*,
https://doi.org/10.1007/978-3-662-59392-9_11

11.1 Offene Fragen

1. Schildern Sie Bowlbys Bindungstheorie in Grundzügen. Welche Voraussetzungen müssen demnach erfüllt sein, damit sich ein Kind gesund entwickeln kann? [S. 398]
2. Beschreiben Sie kurz die Entwicklung der Bindung nach Bowlby, nennen Sie jeweils den Zeitraum und das Ergebnis der vier Phasen, die er definiert hat. [S. 400 f.]
3. Bindungstheoretiker behaupten unter anderem, dass die frühen Beziehungserfahrungen auch ausschlaggebend für die menschliche Beziehungsfähigkeit im Erwachsenenalter sind. Wie begründen sie das? [S. 401, 404 f.]
4. Welche Beziehung sah John Bowlby zwischen der frühkindlichen Bindung und der Verarbeitung von Trauer nach dem Verlust einer nahestehenden Person im Erwachsenenalter?
5. Die sogenannten „Affenstudien" von Harry Harlow und Kollegen (1959, 1965, 1973) waren wegweisend auch für die Entwicklungspsychologie. Warum? Mit welchen Methoden wurden welche Hauptergebnisse erzielt? [S. 399]
6. Welche Verhaltensweisen sind nach Mary Ainsworth typisch für unsicher-ambivalent gebundene Kleinkinder? [S. 402]
7. Nennen Sie die vier Bindungskategorien nach Mary Ainsworth und beschreiben Sie kurz die typischen kindlichen Verhaltensweisen, die jeweils damit in Zusammenhang gebracht werden. [S. 402]
8. Wie wird in Bindungstheorien *Einfühlungsvermögen* definiert? Wofür ist das elterliche Einfühlungsvermögen demnach entscheidend? Beschreiben Sie eine Beispielsituation in der eine erwachsene Bezugsperson entweder sehr einfühlsam oder wenig einfühlsam reagiert kann. [S. 405 f.]
9. Der vielleicht am weitesten verbreitete „Test" für die Fähigkeit von Menschenkindern (und Affenbabys), sich selbst im Spiegel zu erkennen, ist der sogenannte „Punkt-im-Gesicht-Test". Beschreiben Sie dieses Verfahren kurz. In welchem Alter sind die meisten Kinder in der Lage, sich selbst im Spiegel zu erkennen? Können Affen das auch? [S. 410]
10. Was verstand Erikson unter dem Begriff „psychosoziales Moratorium"? Wann sollte dieses seiner Meinung nach Jugendlichen ermöglicht werden? Können Sie in Eriksons Biografie Aspekte finden, die dafürsprechen würden, dass er diesbezüglich aus eigener Erfahrung sprach? [S. 319, 415]
11. Nennen Sie drei Dimensionen der Identität von jungen Erwachsenen und geben Sie jeweils ein konkretes Beispiel für Verhaltensweisen, die damit einhergehen könnten. [S. 415 f.]

Der Fremde-Situation-Test und die Bindungstypen

12. Der Fremde-Situation-Test ist eine der bekanntesten Untersuchungsparadigmen der Entwicklungspsychologie. Auf der Grundlage ähnlicher Verfahren werden auch heute noch weitreichende Schlussfolgerungen z. B. in Bezug auf frühkindliche außerfamiliäre Betreuung gezogen. Beschreiben Sie die sieben Schritte dieses Verfahrens in Grundzügen. Können Sie einen Aspekt identifizieren, der für die angemessene Beurteilung des kindlichen Verhaltens wichtig wäre, aber von Mary Ainsworth übersehen wurde? Welchen und warum? [S. 401–403]
13. Laut einer viel zitierten Studie, die sich mit dem Zusammenhang zwischen elterlichem Bindungsstatus und kindlichem Bindungsverhalten beschäftigt (van IJzendoorn, 1995), haben etwas mehr als 25 % der sicher gebundenen Kinder Eltern, die nicht der autonomen Gruppe zugeordnet werden können. Versuchen Sie, zwei verschiedene Interpretationen solcher Befunde zu finden. [S. 404]
14. In dem Lehrbuch wird die Tatsache, dass sich schon Säuglinge zwischen zwei und vier Monaten offensichtlich daran erfreuen, ein Mobile selbst in Bewegung zu setzen und generell etwas selbst zu verursachen, als ein Beleg für die rudimentäre Vorstellung des Säuglings von sich selbst interpretiert. Warum? Welche Alternativerklärungen für das beschriebene Phänomen können Sie finden? [S. 409]
15. Setzen Sie das Modell von Urie Bronfenbrenner in Bezug zu den heutigen Einflüssen auf die Identitätsentwicklung bei Jugendlichen in Deutschland. [S. 336–338, 414–417]
16. Beschreiben Sie Ihre eigene ethnische Identität anhand der fünf Komponenten nach Bernal und Kollegen (1993) und geben Sie dabei für jede Stufe mindestens ein konkretes Beispiel für Verhaltensweisen, Wissenskomponenten oder subjektive Empfindungen an. Welche Parallelen finden Sie zu der sexuellen Orientierung von Jugendlichen als Dimension ihrer Identität? [S. 418–420, 422]
17. Die elterlichen Bindungsmodelle werden oft mit dem *Adult Attachment Interview* (AAI) gemessen, das von Mary Main, Carol George und ihren Kollegen entwickelt wurde. In diesem Interview sollen die Erwachsenen ihre frühen Kindheitsbindungen besprechen und aus ihrer heutigen Perspektive bewerten. Mithilfe dieser Bewertungen werden die Erwachsenen dann vier Bindungsgruppen zugeordnet. Nehmen Sie Stellung hierzu. [S. 404].

11.2 Multiple Response

Lerntipp: Mit anderen Personen über die Fragen und Antworten zu sprechen, sich wechselseitig Teilbereiche zu erklären, kann Ihnen helfen, komplexe und umfangreiche Zusammenhänge zu verstehen und sich diese zu merken.

18. Welche der folgenden Theoretiker beschäftigten sich mit dem Bindungskonzept und mit Bindungsvoraussetzungen? [S. 398, 399, 401]
    a. John B. Watson
    b. Rene Spitz
    c. Maria Montessori
    d. Mary Ainsworth
    e. Burrhus F. Skinner
    f. John Bowlby
    g. Ivan P. Pawlow
    h. Jean Piaget
    i. Harry Harlow

19. Mary Ainsworth ging davon aus, dass die folgenden Aspekte konkrete Einblicke in die Bindungsqualität des Säuglings und des Kleinkindes erlauben: [S. 401]
    a. Die Häufigkeit und Dauer des Schreiens, wenn das Kind verängstigt wurde
    b. Das Ausmaß der kindlichen Fähigkeit, seine engste Bezugsperson als sichere Basis zu nutzen
    c. Die Fähigkeit des Kindes, sich und seine Emotionen in Abwesenheit einer engen Bezugsperson selbst zu regulieren
    d. Die Reaktion des Kindes auf eine Trennung von seiner Bezugsperson und auf das erneute Zusammentreffen mit ihr
    e. Die Häufigkeitsrelation des sozialen Lächelns, das an den Vater im Vergleich zur Mutter gerichtet wird
    f. Die Anzahl der engen Freundschaften im Grundschulalter

20. Welche Faktoren können das Selbstwertgefühl von Kindern und Jugendlichen beeinflussen? [S. 429].
    a. Genetische Veranlagung
    b. Unterstützung und Anerkennung der Eltern und Altersgenossen
    c. Körperliche Attraktivität
    d. Schulische Leistungsfähigkeit
    e. Nachbarschaftliches und schulisches Umfeld

21. Eine Form des Egozentrismus von Jugendlichen heißt [S. 412]
    a. individuelle Erzählung.
    b. persönliche Fabel.
    c. einzigartige Saga.
    d. egozentrischer Mythos.

11.3 Richtig oder falsch?

22. Studien mit verlassenen und verwaisten Kindern vermittelten erste Anhaltspunkte zur Bedeutung emotionaler Bindungen mit stabilen Bezugspersonen für das psychische und das physische Wohlergehen von Babys und Kleinkindern. [S. 398]
    - richtig
    - falsch
23. Den Bindungstheoretikern verdanken wir die Erkenntnis, dass es nicht ausreicht, die physiologischen Bedürfnisse von Säuglingen und Kleinkindern zu erfüllen, damit Sie gesund und zufrieden aufwachsen können. [S. 398–403]
    - richtig
    - falsch
24. Die Ergebnisse der Fremde-Situation-Tests sind über Kulturen und historische Epochen hinweg gleich. [S. 403–405]
    - richtig
    - falsch
25. Bindungstheoretiker gehen davon aus, dass die frühkindliche Bindungserfahrung einen Einfluss auf den Erziehungsstil ausübt, den Erwachsene gegenüber ihren eigenen Kindern zeigen. [S. 404 f.]
    - richtig
    - falsch
26. Elterliches Einfühlungsvermögen kann durch Interventionen *nicht* gesteigert werden. [S. 407]
    - richtig
    - falsch
27. Gute, d. h. kompetente und sensibel responsive Eltern haben immer sicher gebundene Kinder. [S. 404]
    - richtig
    - falsch
28. *Imaginäres Publikum* bezeichnet eine Form des Egozentrismus von Jugendlichen, die den Glauben an die Einzigartigkeit der eigenen Gefühle und Gedanken beinhaltet. [S. 413]
    - richtig
    - falsch
29. Jugendliche entwickeln spätestens im Alter von 14 Jahren ein kohärentes, konsistentes und stabiles Bild von sich selbst. [S. 413 f.]
    - richtig
    - falsch

30. Es gibt ausreichend empirische Belege für die Behauptung, dass die sexuelle Orientierung von Jugendlichen im Wesentlichen von ihnen bekannten Rollenmodellen bestimmt wird. [S. 421]
    - richtig
    - falsch

31. Das Selbstwertgefühl von Kindern und Jugendlichen entwickelt sich weitgehend unabhängig von den Erfahrungen, die sie in ihrem sozialen Umfeld machen. [S. 426 f.]
    - richtig
    - falsch

32. Die Kriterien, anhand derer Kinder und Jugendliche sich selbst bewerten, sind über Kulturen hinweg gleich. [S. 428]
    - richtig
    - falsch

11.4 Zur Vertiefung

- **Weiterführendes Paper (über Link verfügbar)**
  - Suess, J. G. (2011). Missverständnisse über Bindungstheorie. Weiterbildungsinitiative Frühpädagogische Fachkräfte. WiFF Expertisen, Band 14, München. https://www.weiterbildungsinitiative.de/publikationen/details/data/missverstaendnisse-ueber-bindungstheorie/. Zugegriffen: 21. Juni 2019. [Aufgabe 11.7]

- **Video zur Bindungstheorie (über entsprechende Videoportale verfügbar)**
  - Mary Ainsworth, „The Strange Situation". [Aufgabe 11.12]

- **Vertiefende Originalliteratur**
  - Bernal, M. E., Knight, G. P., Ocampo, K. A., et al. (1993). Development of Mexican American identity. In: M. E. Bernal, & G. P. Knight (Eds.), *Ethnic identity: Formation and transmission among Hispanics and other minorities* (pp. 31–46). Albany: State University of New York Press. [Aufgabe 11.16]
  - Harlow, H., & Zimmermann, R. (1959). Affectional Responses in the Infant Monkey. *Science, 130*(3373), 421-432. Retrieved from http://www.jstor.org/stable/1758036 [Aufgabe 11.05]

- Seay, B., & Harlow, H. F. (1965). Maternal separation in the rhesus monkey. *Journal of Nervous and Mental Disease, 140*(6), 434-441. https://doi.org/10.1097/00005053-196506000-00006 [Aufgabe 11.05]
- Gluck, J. P., Harlow, H. F., & Schiltz, K. A. (1973). Differential effect of early enrichment and deprivation on learning in the rhesus monkey (Macaca mulatta). *Journal of Comparative and Physiological Psychology, 84*(3), 598–604. https://doi.org/10.1037/h0034880 [Aufgabe 11.05]
- van IJzendoorn, M. H. (1995). Adult attachment representations, parental responsiveness, and infant attachment: A meta-analysis on the predictive validity of the Adult Attachment Interview. *Psychological Bulletin*, 117, 387–403. [Aufgabe 11.13]

- **Weiterführende Internetseiten zur Vernachlässigung von Kindern**

- Center on the Developing Child (2013). InBrief: The Science of Neglect. https://developingchild.harvard.edu/resources/inbrief-the-science-of-neglect/. Zugegriffen: 21. Juni 2019. [Aufgabe 11.19]
- The Bucharest Early Intervention Project (2017). http://www.bucharestearlyinterventionproject.org/. Zugegriffen: 21. Juni 2019.

Die Familie

M. Stolarova, S. Pauen, *Prüfungstrainer zur Entwicklungspsychologie im Kindes- und Jugendalter*,
https://doi.org/10.1007/978-3-662-59392-9_12

12.1 Offene Fragen

Die Definition von Familie ist abhängig vom kulturellen und historischen Kontext. Solche Behauptungen mit konkreten eigenen Beispielen zu unterlegen, hilft Ihnen, diese verstehen und einordnen zu können.

1. Definieren Sie den Begriff „Familie" im Sinne der Entwicklungspsychologie. Beschreiben Sie die drei Funktionen von Familie nach LeVine (1988) und geben Sie für jede von ihnen ein konkretes Beispiel.
2. Die Begriffe „Erziehung" und „Sozialisation" sorgen im Deutschen manchmal für Verwirrung, auch weil es nicht so einfach ist, eine englischsprachige Entsprechung für Erziehung zu finden. Definieren Sie beide Begriffe und erklären Sie die Beziehung, in der diese zueinander stehen. [S. 443 f.]
3. Anhand welcher drei Grunddimensionen lassen sich elterliche Sozialisationsbemühungen nach Parke und Buriel (1998, 2006) beschreiben? Finden Sie konkrete Beispiele für jede dieser Dimensionen für ein (fiktives) Elternpaar in Bezug auf ihr fünfjähriges Kind. [S. 443 f.]
4. Erziehungsstile werden seit einigen Jahrzehnten anhand zweier unabhängiger Grunddimensionen beschrieben. Nennen Sie diese und erklären Sie, wie sich daraus die vier Erziehungsstile nach Baumrind (1973) ableiten lassen. Benennen Sie diese vier Erziehungsstile und illustrieren Sie diese jeweils mit einem Beispiel für erzieherisches Verhalten. [S. 444–446]
5. Was versteht man unter Bidirektionalität der Eltern-Kind-Interaktionen? Nehmen diese Wechselwirkungen mit zunehmendem Alter des Kindes eher zu oder eher ab? Warum? Illustrieren Sie Ihre Erläuterungen anhand eines Beispiels. [S. 448]
6. Erläutern Sie die Einflüsse von elterlichem Einkommen und elterlicher Bildung auf die Qualität der Interaktion zwischen Eltern und ihren Kindern. [S. 448 f.]
7. Welche Argumente gegen die Obdachlosigkeit von Kindern und Jugendlichen lassen sich aus der Ihnen bekannten entwicklungspsychologischen Forschung ableiten? [S. 451]
8. Wenn Kinder nicht in ihren biologischen Familien leben können, welche Formen der Unterbringung sind dann gut dazu geeignet, Entwicklungsrisiken zu minimieren, und warum?
9. Artikel 6 des deutschen Grundgesetzes stellt die Ehe und die Familie „unter de[n] Schutz der staatlichen Ordnung". Welche Gründe könnten Ihrer Meinung nach dafürgesprochen haben? Welche Schwierigkeiten ergeben sich aus dem Umstand, dass der Gesetzgeber zwar Verwandtschaft (im Sinne von biologischer Abstammung und Adoption) klar definiert, nicht aber Familie? [S. 454–463]
10. Welchem Grundtypus würden Sie den Erziehungsstil Ihrer eigenen Eltern zuordnen? Warum? [S. 444–446]

11. Eine Freundin von Ihnen hat ihr erstes Kind während ihres Studiums zur Welt gebracht und fragt Sie nun nach Ihrer Meinung bezüglich des geeigneten Zeitpunktes, das Kind für die Hälfte des Tages (fremd-)betreuen zu lassen, um ihr Studium fortzusetzen. Außerdem möchte sie wissen, ob eine Tagesmutter oder eine Krippe für das Kind besser wäre. Was raten Sie ihr? Begründen Sie Ihre Antwort. [S. 467 f.]
12. Sie haben die Möglichkeit, an der Entwicklung der Konzeption einer Betreuungsgruppe für Kinder unter drei Jahren mitzuwirken. Was tun Sie, um eine möglichst hohe Betreuungsqualität zu gewährleisten? Warum? [S. 468 f.]

12.2 Multiple Response

13. Nach dem Zweiten Weltkrieg veränderten sich Familienstrukturen in westlichen Industrieländern deutlich. Welche der folgenden Aspekte veränderten sich *nicht*? [S. 454]
    a. Durchschnittliches Heiratsalter
    b. Durchschnittliches Gebäralter
    c. Das Zahlenverhältnis zwischen neugeborenen Jungen und Mädchen
    d. Häufigkeit der mütterlichen Berufstätigkeit
    e. Scheidungshäufigkeit
    f. Geburtenrate lediger Mütter
    g. Durchschnittliches Alter der ersten Vaterschaft
    h. Die Anzahl anerkannter gleichgeschlechtlicher Paare mit Kindern
    i. Der Anteil alleinerziehender Eltern
    j. Die durchschnittliche Anzahl leiblicher Geschwister
    k. Der Anteil von Kindern, die eine Trennung und/oder Scheidung ihrer Eltern vor der Adoleszenz erleben
    l. Die Häufigkeit von Wiederverheiratungen und sogenannten „Patchwork-Familien"

14. Welche der folgenden Formen des Zusammenlebens können als Familie im Sinne der Entwicklungspsychologie gesehen werden?
    a. Ein verheiratetes, heterosexuelles Paar mit Kind(ern)
    b. Ein verheiratetes, heterosexuelles Paar ohne Kind(er)
    c. Ein gleichgeschlechtliches Paar mit Kind(ern)
    d. Ein kinderloses, „verpartnertes", gleichgeschlechtliches Paar
    e. Eine alleinstehende Frau und ihr(e) Kind(er)
    f. Vater, Sohn und Großvater, unabhängig davon, ob sie in einem Haushalt leben oder nicht
    g. Die Großeltern, ihre erwachsenen Kinder mit Partnern und ggf. Enkelkinder

15. Welche Erziehungsstile unterscheidet Diana Baumrind (1973) anhand der Dimensionen „Unterstützung“ und „Kontrolle“? [S. 444]
    a. Egalitärer Erziehungsstil
    b. Autoritativer Erziehungsstil
    c. Autoritärer Erziehungsstil
    d. Negierender Erziehungsstil
    e. Permissiver Erziehungsstil
    f. Zurückweisend-vernachlässigender Erziehungsstil

16. Welche der folgenden Faktoren können die Familiendynamik einer konkreten, in Deutschland lebenden Kernfamilie (hier zwei Eltern und ihre beiden Kinder) *nicht* beeinflussen? [S. 442 f.]
    a. Verfügbarkeit und Höhe des Kindergeldes
    b. Verfügbarkeit, Qualität und Flexibilität von außerfamiliärer, vorschulischer Kinderbetreuung
    c. Chronische Erkrankung eines Familienmitglieds
    d. Temperament der Kinder
    e. Sozialisation der Eltern
    f. Alter der Kinder und/oder der Eltern
    g. Anzahl der Kinder
    h. Konflikte der Eltern
    i. Familieneinkommen
    j. Arbeitslosigkeit eines Elternteils
    k. Diskriminierung der Familie aufgrund von Ethnie oder Religion
    l. Schulschwierigkeiten eines Kindes
    m. Konflikte der Geschwister
    n. Soziales Netzwerk der Familie

12.3 Richtig oder falsch?

17. In der deutschen Gesetzgebung ist der Begriff „Familie“ klar definiert und bezieht sich ausschließlich auf Blutsverwandte ersten Grades und verheiratete gemischtgeschlechtliche Paare.
    - richtig
    - falsch

18. Der Eintritt der Kinder in die Pubertät ist in den allermeisten Familien in Deutschland mit einem heftigen Anstieg von Konflikten und Auseinandersetzungen verbunden. [S. 443]
    - richtig
    - falsch

19. Die Auswirkungen des elterlichen Erziehungsstils auf das kindliche Verhalten sind über Kulturen und Epochen hinweg gleich. [S. 446 f.]
    - richtig
    - falsch

20. Das Aussehen des Kindes hat keinen Einfluss auf das elterliche Verhalten ihm gegenüber. [S. 447]
    - richtig
    - falsch

21. Im heutigen Deutschland interagieren Mütter im Durchschnitt deutlich mehr mit ihren Kindern (d. h. häufiger und länger) als Väter. [S. 450, 452]
    - richtig
    - falsch

22. Das Scheidungsrisiko von Erwachsenen, die als Kinder die Scheidung ihrer Eltern miterlebt haben, ist statistisch höher als das von Erwachsenen, deren Eltern sich nicht getrennt haben. [S. 457]
    - richtig
    - falsch

23. Die Unterschiede bezüglich der sozialen Anpassungsfähigkeit zwischen Kindern geschiedener und nicht geschiedener Eltern sind, wenn man konfundierte Faktoren wie Verarmung, Gewalterfahrung und Konfliktbelastung kontrolliert, eher gering. [S. 458 f.]
    - richtig
    - falsch

24. Für die Entwicklung und die Anpassungsfähigkeit der Kinder in Scheidungsfamilien ist es in jedem Fall von Vorteil, wenn der Vater den Kontakt zu den Kindern aufrechterhält. [S. 459]
    - richtig
    - falsch

25. Eine Scheidung der Eltern stellt für die Kinder einer Familie eine dermaßen hohe Belastung dar, dass die Entwicklungspsychologie die Aufrechterhaltung der Ehe um jeden Preis empfiehlt. [S. 460 f.]
    - richtig
    - falsch

26. Im Wesentlichen entwickeln sich Kinder gleichgeschlechtlicher Eltern ähnlich wie Kinder gemischtgeschlechtlicher Paare. [S. 463]
    - richtig
    - falsch

27. Die Wahrscheinlichkeit, dass sich Kinder gleichgeschlechtlicher Eltern im Erwachsenenalter als homosexuelle Männer oder Frauen erleben, ist höher als bei Kindern gemischtgeschlechtlicher Eltern. [S. 463]
    - richtig
    - falsch

Lerntipp: Wenn möglich, üben Sie für wichtige Prüfungen mit ähnlichen Frageformaten und unter vergleichbaren Rahmenbedingungen.

28. Mütterliche Berufstätigkeit vor dem vollendeten ersten Lebensjahr eines Kindes hat sowohl direkte als auch indirekte negative Effekte auf die kindliche Entwicklung. [S. 464]
    - richtig
    - falsch

29. Regelmäßige, außerfamiliäre Tagesbetreuung vor dem vollendeten ersten Lebensjahr schadet grundsätzlich der Mutter-Kind-Bindung und wirkt sich potenziell negativ auf die soziale Anpassungsfähigkeit des Kindes bis in das Grundschulalter hinein aus. [S. 466 f.]
    - richtig
    - falsch

30. Die Qualität der außerfamiliären Tagesbetreuung spielt keine erhebliche Rolle für die kindliche Entwicklung, wenn Kinder unter drei Jahren weniger als 30 Stunden pro Woche betreut werden. [S. 467]
    - richtig
    - falsch

12

31. Elterliche Konflikte beeinträchtigen die Qualität der Geschwisterbeziehungen nicht. [S. 453]
    - richtig
    - falsch

12.4 Zur Vertiefung

- **Vertiefende Originalliteratur**

  - Baumrind, D. (1973). The development of instrumental competence through socialization. In: A. D. Pick (Eds.), *Minnesota Symposia on Child Psychology* (vol. 7, pp. 3–46). Minneapolis: University of Minnesota Press. [Aufgabe 12.4, 12.15]
  - LeVine, R. A. (1988). Human parental care: Universal goals, cultural strategies, individual behavior. In: R. A. LeVine, P. M. Miller, & M. M. West (Eds.), *Parental behavior in diverse societies: New directions for child and adolescent development* (vol. 40, pp. 3–12). San Francisco, CA: Jossey-Bass. [Aufgabe 12.1]

- Parke, R. D., & Buriel, R. (1998). Socialization in the family: Ethnic and ecological perspectives. In: W. Damon, & N. Eisenberg (Eds.), *Handbook of child psychology: Social, emotional, and personality development* (5th ed., vol. 3, pp. 463–552). New York, NY: Wiley. [Aufgabe 12.3]
- Parke, R. D., & Buriel, R. (2006). Socialization in the family: Ethnic and ecological perspectives. In: W. Damon, R. M. Lerner, & N. Eisenberg (Eds.), *Handbook of child psychology: Social, emotional, and personality development* (6th ed., vol. 3, pp. 429–504). Hoboken, NJ: Wiley. [Aufgabe 12.3]

- **Was ist die Familie? Schauen Sie sich auch die geschichtliche Entwicklung an, um nachzuvollziehen, was heute unter einer Familie verstanden wird**
  - Die Bundeszentrale für politische Bildung gibt hierzu einen guten und kompakten Überblick: https://www.bpb.de/suche/?suchwort=familie&suchen=Daten+absenden. Zugegriffen: 21. Juni 2019. [Aufgabe 12.1]

- **Vertiefender Beitrag zur Pubertät von Mädchen und Jungen**

  - Stronski, M. S. (2018). Körperbilder bei Mädchen und Jungen in der Pubertät. In: B. Stier, N. Weissenrieder, O. K. Schwab (Hrsg.), *Jugendmedizin*. Berlin, Heidelberg: Springer. [Aufgabe 12.17]

Beziehungen zu Gleichaltrigen

M. Stolarova, S. Pauen, *Prüfungstrainer zur Entwicklungspsychologie im Kindes- und Jugendalter*,
https://doi.org/10.1007/978-3-662-59392-9_13

13.1 Offene Fragen

1. Enge Freundschaften von Grundschulkindern und eine positive psychologische Entwicklung, z. B. in Bezug auf die psychosoziale Anpassung, das Selbstwertgefühl und die Leistungsmotivation, hängen statistisch zusammen. Warum lässt sich daraus nicht schließen, dass Freundschaften (notwendigerweise) die kindliche Entwicklung fördern? [S. 492]

Freundschaften unter Peers

2. Freundschaften in der Kindheit können sowohl mit positiven als auch mit negativen Entwicklungsverläufen in der Jugend und im jungen Erwachsenenalter zusammenhängen. Erklären Sie, wie und warum es zu solchen scheinbar widersprüchlichen Einflüssen kommen kann, und nennen Sie dabei auch jeweils ein konkretes Beispiel für positive und negative Einflüsse von Freundschaften. [S. 492 f.]
3. Welche Funktionen werden Freundschaften im Vorschulalter zugeschrieben? Formulieren Sie diese zunächst allgemein und nennen Sie dann jeweils ein konkretes Beispiel. [S. 489–491]
4. „Gleich und gleich gesellt sich gern" – diskutieren Sie diese Aussage in Bezug auf Freundschaften vor der Pubertät und beziehen Sie sich dabei auf die untersuchten Ähnlichkeiten im Vergleich zwischen Freunden und „Nicht-Freunden". [S. 493–495]
5. Welche Interaktionen finden häufiger zwischen Freunden im Vergleich zu Nicht-Freunden im Kindergartenalter statt? [S. 487 f.]
6. Parker und Asher (1993) identifizierten fünf Dimensionen, anhand derer Grundschulkinder ihre Freundschaften bewerten. Nennen und beschreiben Sie diese. Wie könnten zwei beste Freunde ihre Beziehung anhand dieser Dimensionen beschreiben? [S. 488]
7. Erklären Sie die auf die Onlinekommunikation bezogene *Bereicherungshypothese* und *Kompensationshypothese*. Warum steht Cyberbullying in keinem so großen Gegensatz zur Kompensationshypothese, wie auf den ersten Blick anzunehmen ist? [S. 499]
8. Was ist der *soziometrische Status* und wie wird dieser in Kindergruppen meist erhoben? Nennen und beschreiben Sie kurz die soziometrischen Kategorien nach Coie und Dodge (1998). [S. 501]
9. Eltern warnen ihre heranwachsenden Kinder häufig davor, sich mit den „falschen" Freunden abzugeben, um sie z. B. vor Drogen und Kriminalität zu schützen. Welche methodisch nicht immer fundierte Annahme machen sie dabei? [S. 493]
10. Definieren Sie folgende Begriffe, grenzen Sie diese gegeneinander ab und formulieren Sie jeweils ein konkretes Beispiel: „erwiderte beste Freundschaft", „Peer-Gruppe", „Clique",

„Bande", „Gruppierung (crowd)". [S. 485 (Peers), 492 (erwiderte beste Freundschaft), 496 (Clique), 497 (Gruppierung), 498 (Banden)]

11. Ein neunjähriges Mädchen besucht die vierte Klasse zusammen mit 22 anderen Kindern, davon sind eine Hälfte Jungen und die andere Hälfte Mädchen. In einem Soziogramm stellt sich heraus, dass sie vier Kinder sehr mögen, sieben mögen, acht ihr neutral gegenüber eingestellt sind und drei sie nicht ausstehen können. Welcher soziometrischen Kategorie würden Sie sie zuordnen? Warum? [S. 501]
12. Erläutern Sie den vermuteten Zusammenhang zwischen frühkindlichem Bindungsstatus und kindlichen Peer-Beziehungen anhand eines konkreten (fiktiven) Beispiels. [S. 510 f.]
13. Was versteht man unter der Formulierung „Eltern als soziale Türsteher"? Für welche Kinder sind solche elterlichen Bemühungen von besonderer Wichtigkeit und warum? [S. 512]
14. Sie möchten eine Studie konzipieren, die untersuchen soll, ob Mädchen oder Jungen im Alter von 15 Jahren bei gleichgeschlechtlichen oder gegengeschlechtlichen Peers beliebter sind. Wie gehen Sie vor? [S. 501]

13.2 Multiple Response

15. Welche der folgenden Faktoren tragen *nicht* zur Beliebtheit eines Kindes innerhalb einer Peergroup bei? [S. 502–504]
    a. Beliebte Freunde
    b. Soziale Fähigkeiten
    c. Kognitive Fähigkeiten
    d. Emotionale Selbstregulation
    e. Äußere Attraktivität
    f. Geschlecht des Kindes
    g. Anzahl der Geschwister
    h. Familieneinkommen
    i. Alter der Eltern
    j. Offenheit (im Gegensatz zu Schüchternheit)
    k. Fremdsprachenkenntnisse

13.3 Richtig oder falsch?

16. Für Kinder unter sechs Jahren sind Nicht-Freunde automatisch Feinde. [S. 488]
    - richtig
    - falsch

17. Reziprozität ist ein Kennzeichen von Freundschaften. [S. 486]
    - richtig
    - falsch
18. Der Begriff „Peers" bezeichnet in der Psychologie (nicht verwandte) Menschen von ähnlichem Alter und Status. [S. 485]
    - richtig
    - falsch
19. Freunde sind (meistens) Peers, aber nicht alle Peers sind Freunde. [S. 485 f.]
    - richtig
    - falsch
20. Schon im Kindergartenalter lassen sich unterschiedlich dominante Mitglieder in kindlichen Peer-Gruppen erkennen. [S. 496]
    - richtig
    - falsch
21. Cliquen bleiben meist über die gesamte Schulzeit stabil. [S. 496]
    - richtig
    - falsch
22. Im Zeitverlauf ist die soziometrische Stabilität bei abgelehnten Kindern höher als bei beliebten, kontroversen oder ignorierten Kindern. [S. 506]
    - richtig
    - falsch
23. Die Eigenschaften, die Kindern helfen, bei ihren Peers beliebt zu sein, sind kultur- und epochenunabhängig. [S. 506]
    - richtig
    - falsch
24. Es bestehen komplexe wechselseitige Beziehungen zwischen dem elterlichen Erziehungsverhalten, den kindlichen Verhaltensprädispositionen, den kindlichen Peer-Beziehungen und der sozialen Entwicklung im Lebensverlauf. [S. 510–513]
    - richtig
    - falsch
25. Prinzipiell gilt: Je mehr Freunde ein Kind im Alter von zehn Jahren hat, desto besser geht es ihm im Alter von 15 Jahren. [S. 492]
    - richtig
    - falsch

26. Die Erforschung von Freundschaften zwischen Kindern und Jugendlichen bedient sich häufig qualitativer Methoden. [z. B. S. 486 f., 490, 496]
    - richtig
    - falsch

13.4 Zur Vertiefung

- **Weiterführende Paper**

    - Ackermann, K., Büttner, G., Berhard, A., et al. (2018). Freundschaftsqualitäten und unterschiedliche Formen aggressiven Verhaltens bei Jungen und Mädchen im späten Kindes- und Jugendalter. *Kindheit und Entwicklung*, 27, 81–90. [Aufgabe 13.4]
    - Coie, J. D., & Dodge, K. A. (1998). Aggression and antisocial behavior. In: N. Eisenberg (Ed.), Handbook of child psychology: Social, emotional, and personality development (5th ed., vol. 3, pp. 779–862). Hoboken, NJ: Wiley. [Aufgabe 13.8]
    - Parker, J. G., & Asher, S. R. (1993). Friendship and friendship quality in middle childhood: Links with peer group acceptance and feelings of loneliness and social dissatisfaction. *Developmental Psychology*, 29, 611–621. [Aufgabe 13.6]

Moralentwicklung

M. Stolarova, S. Pauen, *Prüfungstrainer zur Entwicklungspsychologie im Kindes- und Jugendalter*,
https://doi.org/10.1007/978-3-662-59392-9_14

14.1 Offene Fragen

Moralentwicklung und Sozialverhalten

1. Nennen Sie zwei Theorien der moralischen Entwicklung, beschreiben Sie diese kurz und grenzen Sie diese voneinander ab. [S. 531–536]
2. Erklären Sie *moralische, sozial-konventionelle* und *persönliche Urteile* und grenzen Sie diese voneinander ab. [S. 538]
3. Erläutern Sie, inwiefern der kulturelle Hintergrund bzw. der sozioökonomische Status Einfluss darauf nimmt, was als moralische Frage oder als soziale Konvention zu betrachten ist.
4. Beschreiben Sie die Entwicklung prosozialen Verhaltens. Welche Rolle spielt Empathie dabei? Wie häufig zeigen Kleinkinder entsprechend ihrem Alter prosoziales Verhalten? [S. 543–545]
5. Wofür stehen die Akronyme „ODD" und „CD"? Erklären Sie diese Phänomene kurz. [S. 551 f.]
6. Wie unterscheiden sich antisoziale bzw. aggressive Kinder und Jugendliche von ihren nicht aggressiven Peers hinsichtlich ihrer sozialen Kognition? Welche Aggressionsformen spielen dabei eine Rolle? [S. 553 f.]
7. Die Ebenen prosozialen Verhaltens nach Eisenberg ähneln zu großen Teilen den Ebenen und Stufen in Kohlbergs Theorie des moralischen Urteils. Vergleichen Sie die Einteilungen der Forscher miteinander und listen Sie Gemeinsamkeiten und Unterschiede der Theorien auf. [S. 534 f., 537 f.]
8. Definieren Sie *Gewissen*. Mit welcher Persönlichkeitsstruktur nach Freud assoziieren Sie das Gewissen? [S. 317, 541]
9. Eine besorgte Mutter bittet Sie um Rat. Sie hat ihre 13-jährige Tochter vor einigen Tagen beim Rauchen erwischt. Als sie sie darauf angesprochen hat, wurde die Tochter schnell laut und begründete ihr Verhalten damit, dass die Mutter sich sowieso nicht für sie interessiere und nur noch mit ihrem neuen Freund beschäftigt sei. Gestern bekam die Mutter dann einen Anruf von der Schulleitung, dass sich die Tochter in der Pause mit einer Mitschülerin geprügelt habe und zusätzlich nicht zum Nachmittagsunterricht erschienen sei. Die Mutter bat ihre Tochter daraufhin, nach Hause zu kommen, um mit ihr über ihr Verhalten zu sprechen, doch sie widersetzte sich und übernachtete stattdessen bei einer Freundin.

   Die Freundin der Mutter erzählte ihr daraufhin von schwerwiegenden sozialen Verhaltensstörungen bei Jugendlichen. Würden auch Sie aufgrund des beschriebenen Verhaltens der Tochter von einer schwerwiegenden sozialen Verhaltensstörung sprechen? Warum (nicht)? [S. 552]
10. Vergleichen Sie die Ursprünge prosozialen und antisozialen Verhaltens miteinander. Wo liegen Gemeinsamkeiten und Unterschiede? Legen Sie hierbei besonderes Augenmerk auf

Lerntipp: Die Entwicklungspsychologie bezieht viele ihrer Erkenntnisse aus quantitativen Studien mit möglichst großen Gruppen. Die Übertragung der Erkenntnisse auf Einzelfälle ist eine Herausforderung und muss als Teil der Professionalität von Psychologen erworben werden.
Fallvignetten geben Ihnen Möglichkeiten zu üben. Diskutieren Sie Ihre Lösungen, da es keine Patentrezepte gibt.

die Einflüsse der Eltern und der Erziehung. [S. 545–548, 554–558]

11. Sind die Vorstellungen darüber, was in unserer westlichen Gesellschaft als moralisch gut und richtig angesehen wird, für Männer und Frauen gleich? Versuchen Sie, an Ihre eigene Erziehung zu denken.

14.2 Multiple Response

12. Welche Ebenen des moralischen Urteils umfasst das Stufenmodell nach Kohlberg? [S. 534 f.]
    a. Postkonventionelles Niveau
    b. Präskriptives Niveau
    c. Postskriptives Niveau
    d. Normatives Niveau
    e. Konventionelles Niveau
    f. Egozentralistisches Niveau
    g. Solidarisches Niveau
    h. Präkonventionelles Niveau

13. Welche Faktoren können individuelle Unterschiede im prosozialen Verhalten hervorrufen? [S. 545–548]
    a. Gene
    b. Sozialisation
    c. Sozioökonomischer Status

14. Die Entwicklung aggressiven Verhaltens kann zusammen hängen mit [S. 554]
    a. Einflüssen Gleichaltriger.
    b. der genetischen Ausstattung.
    c. der Sozialisation der Familienmitglieder.
    d. einer diagnostizierten Autoimmunerkrankung.
    e. kulturellen Faktoren.

14.3 Richtig oder falsch?

15. Nach Kohlberg ist allein das Alter der Kinder entscheidend, ob sie eine moralische Bewertung ausschließlich an den Folgen der Handlung festmachen oder die Absichten des Handelnden mit einbeziehen. [S. 533]
    - richtig
    - falsch

16. Das Temperament eines Kindes hat keinen Einfluss auf die Entwicklung seines Gewissens. [S. 541]
    - richtig
    - falsch

17. Prosoziales Verhalten ist eine relativ stabile Persönlichkeitseigenschaft: Wer sich im jungen Kindesalter oft prosozial verhält, ist auch im Erwachsenenalter stärker auf die Bedürfnisse anderer bedacht, kümmert sich um andere und wird als sympathischer eingestuft. [S. 542 f.]
    - richtig
    - falsch

18. Kinder entwickeln häufiger aggressives und antisoziales Verhalten, wenn sie Zeuge elterlicher Konflikte werden, insbesondere von Gewalt.
    - richtig
    - falsch

19. Proaktive Aggression wird von Kindern dazu eingesetzt, andere einzuschüchtern und von ihnen zu bekommen, was sie wollen. [S. 554]
    - richtig
    - falsch

14.4 Zur Vertiefung

- **Schauen Sie sich dieses Video an. Was ist moralisch richtig?**
  - Harvard University (2015). „Justice". https://www.edx.org/course/justice. Zugegriffen: 21. Juni 2019. [Aufgabe 14.2]

- **Weiterführende Studie**
  - Elsner, K. (2008). Sexuell übergriffiges und aggressives Verhalten im Kindesalter. Einflüsse entwicklungsrelevanter Faktoren. *Forensische Psychologie, Psychologie, Kriminologie*, 2(4), 222–231. [Aufgabe 14.21]
  - Forschung an den Grenzen der Moral? – Das „Standford Prison Experiment" (über den Link abrufbar)
  - Psychology: The Stanford Prison Experiment – BBC Documentary. https://www.youtube.com/watch?v=F4txhN13y6A. Zugegriffen: 21. Juni 2019. [Aufgabe 14.17]

Die Entwicklung der Geschlechter

M. Stolarova, S. Pauen, *Prüfungstrainer zur Entwicklungspsychologie im Kindes- und Jugendalter*,
https://doi.org/10.1007/978-3-662-59392-9_15

15.1 Offene Fragen

1. Erklären Sie die wesentlichen Unterschiede zwischen den evolutionspsychologischen und den biosozialen evolutionstheoretischen Ansätzen der Geschlechterentwicklung. [S. 578 f.]
2. Studien mit Mädchen, die an einer kongenitalen adrenalen Hyperplasie leiden, sogenannte „CAH-Mädchen", werden sehr häufig herangezogen, wenn es darum geht, den Einfluss des pränatalen Testosteronspiegels auf die kindliche Entwicklung zu untersuchen. Warum? [S. 580]
3. Skizzieren Sie (gerne in einer Tabelle) die Gemeinsamkeiten und die Unterschiede zwischen den vier kognitiv-motivationalen Theorien der Geschlechterentwicklung. [S. 581–585]
4. Definieren Sie kurz den Begriff „geschlechtsbezogene Selbstsozialisation" und nennen Sie ein konkretes Beispiel für Verhaltensweisen, die hiermit erklärt werden könnten. [S. 581]
5. Wann wurde in der Bundesrepublik Deutschland das Eherecht dahingehend geändert, dass Frauen nicht mehr die Zustimmung ihres Ehemannes benötigten, wenn sie einer Erwerbstätigkeit nachgehen wollten? Wie gestaltete sich dies in der Deutschen Demokratischen Republik?
6. Schildern Sie zwei verschiedene methodische Zugänge und ihre Ergebnisse, die zeigen, dass bereits Säuglinge im ersten Lebensjahr eine Kategorisierung nach Geschlecht vornehmen (können). [S. 588 f.]
7. Welche Faktoren bestimmen die Definitionen von geschlechtertypischem Verhalten? Nennen Sie ein Beispiel für eine Verhaltensweise, die in einem (sozialen, kulturellen oder historischen) Kontext typisch und in einem anderen untypisch für Mädchen wäre.
8. Warum ist es heute und hier für kleine Mädchen weniger problematisch, jungentypisches Verhalten zu zeigen, als für kleine Jungen mädchentypisches? [S. 584, 592]
9. Was sind Metaanalysen und warum sind diese in der psychologischen Forschung generell, aber auch insbesondere in Bezug auf Unterschiede und Ähnlichkeiten zwischen den Geschlechtern relevant? [S. 594]
10. Wenn signifikante Unterschiede zwischen den Geschlechtern (oder auch anderen sozialen Gruppen) berichtet werden, sind Psychologen angehalten, Maße der Effektstärke und der Variabilität mit anzugeben. Warum? [S. 593 f.]
11. Sich selbsterfüllende Prophezeiungen können Geschlechtsunterschiede und auch Leistungsähnlichkeiten zum Teil erklären. Erläutern Sie das an einem konkreten Beispiel. [S. 600]

Die englischsprachige Unterscheidung der Begriffe „sex" und „gender" wird im Deutschen häufig durch die Begriffe „biologisches Geschlecht" und „soziales bzw. psychosoziales Geschlecht" hergestellt.

12. Welche Faktoren können Geschlechtsunterschiede im Aggressionsverhalten beeinflussen? [S. 606–608]
13. Ein fünfjähriger Junge, der sich bis dahin geschlechterrollenkonform verhalten hat, möchte nun Ballett tanzen. Wie würde man dieses Verhalten auf Grundlage der Theorie der sozialen Identität und der sozial-kognitiven Theorie erklären? [S. 584 f.]
14. Welche der Theorien der Geschlechterentwicklung berufen sich auf die Ihnen aus der Sozialpsychologie (hoffentlich) bekannten Mechanismen der In-Group- und Out-Group-Verzerrungen? [S. 582–584]
15. Welches Ziel verfolgen Eltern, wenn sie in einer Familie darauf bestehen, dass Tochter und Sohn die gleichen Aufgaben im Haushalt übernehmen, möglicherweise in Bezug auf die Geschlechterentwicklung ihrer Kinder? [S. 585]

15.2 Multiple Response

16. Evolutionspsychologische Ansätze der Geschlechterentwicklung gehen davon aus, dass [S. 578 f.]
    a. sich Unterschiede zwischen erwachsenen Männern und Frauen durch genetische Verhaltensdispositionen erklären lassen, die im Verlauf der Evolution einen (geschlechtsspezifischen) Reproduktionsvorteil geboten haben.
    b. Männer (und Jungen) deswegen (im Durchschnitt etwas) impulsiver und risikobereiter sind, weil sie dadurch (evolutionstheoretisch) Vorteile bei der Jagd und der Partnerwahl haben.
    c. bestimmte Verhaltensdispositionen Selektionsvorteile ermöglicht haben, wodurch aus Mädchen bessere Versorgerinnen und aus Jungen erfolgreichere Kämpfer werden.
    d. sich geschlechtsspezifische adaptive Verhaltensweisen im Verlauf der Evolution durchgesetzt haben, weil Männer und Frauen in primitiven Gesellschaften unterschiedliche Fähigkeiten benötigten, um das Überleben ihres Nachwuchses zu sichern.

17. Zu den Stufen der Geschlechterentwicklung nach Kohlberg gehören [S. 581]
    a. Geschlechtsidentität.
    b. Geschlechtsstabilität.
    c. Geschlechterschemata.
    d. Geschlechtsrolle.
    e. Geschlechtskonstanz.
    f. Geschlechtstoleranz.
    g. Geschlechtsassimilation.

Lerntipp: Das Thema Geschlechterentwicklung ist gut geeignet, um Ihre erworbenen Kenntnisse über grundsätzliche psychologische Ansätze des Behaviorismus, der Evolutionspsychologie und der Psychoanalyse zu überprüfen: Welche Vorhersagen würde man aus Sicht jeder dieser Richtungen dazu machen?

18. Die vorpubertäre Phase, in der äußerlich sichtbare Zeichen der sexuellen Reifung noch (weitgehend) fehlen, die jedoch durch einen Anstieg der Hormonproduktion in den Nebennieren gekennzeichnet ist, heißt [S. 597]
    a. Menarche.
    b. Adrenarche.
    c. Spermarche.
    d. Mutation.

19. Sie lesen in einem Artikel, dass Mädchen mit sechs Jahren sprachlich kompetenter sind als Jungen. Nun wissen Sie mit ziemlicher Sicherheit, dass
    a. die meisten sechsjährigen Mädchen einen besseren Wortschatz haben als die meisten sechsjährigen Jungen.
    b. mehr als die Hälfte aller Mädchen überdurchschnittlich sprachbegabt ist.
    c. es biologisch-genetische Ursachen dafür gibt, dass Jungen im Durchschnitt sprachlich schlechter abschneiden als Mädchen.
    d. Mädchen besser lesen als Jungen.
    e. es im Durchschnitt bei einer nicht näher definierten sprachlichen Leistung statistisch signifikante Unterschiede zwischen sechsjährigen Mädchen und Jungen gibt.
    f. die Überlappung der Stichproben von Mädchen und Jungen bezüglich einer nicht näher definierten sprachlichen Leistung weniger als 80 % beträgt.
    g. Jungen ein höheres Risiko für spezifische Sprachentwicklungsstörungen aufweisen.

15.3 Richtig oder falsch?

20. Biologisches Geschlecht (engl.: sex) und psychosoziales Geschlecht (engl.: gender) sind immer deckungsgleich. [S. 577, 580]
    - richtig
    - falsch

21. Alle Babys werden mit eindeutig weiblichem oder männlichem (biologischem) Geschlecht geboren, äußerlich ist dieses an den Genitalien zu erkennen. [S. 44, 594, 596]
    - richtig
    - falsch

22. Die Gehirne und die Nieren von Jungen sind schon vor der Pubertät im Durchschnitt größer als die Gehirne und die Nieren von Mädchen.
    - richtig
    - falsch

15

23. Es gibt eine ausreichende empirische Evidenz, dass kleine neuroanatomische Unterschiede zwischen männlichen und weiblichen Gehirnen konkrete Unterschiede im Verhalten und Erleben von Männern und Frauen bewirken. [S. 599]
    - richtig
    - falsch
24. Was genau geschlechtertypisches und geschlechteruntypisches Verhalten von Kindern ausmacht, lässt sich nur kultur- und zeitspezifisch definieren. [S. 586 f.]
    - richtig
    - falsch
25. Die Tendenz zur Präferenz gleichgeschlechtlicher Spielpartner im Kindergartenalter ist nur in Kulturen mit strikter Geschlechtertrennung zu beobachten. [S. 588]
    - richtig
    - falsch
26. Erwachsene Bezugspersonen behandeln Babys unterschiedlichen Geschlechts gleich, wenn sie ihr biologisches Geschlecht nicht mit absoluter Gewissheit kennen. [S. 596]
    - richtig
    - falsch
27. Es gibt ausreichend empirische Belege dafür, dass Mädchen früher, mehr und besser sprechen als Jungen, die wiederum früher und besser krabbeln und laufen lernen. [S. 600]
    - richtig
    - falsch
28. Die elterlichen Erwartungen können kindliche Leistungen in bestimmten schulisch relevanten Gebieten teilweise besser statistisch vorhersagen als die konkreten Leistungen der Kinder zu früheren Zeitpunkten. [S. 600]
    - richtig
    - falsch
29. Es gibt einen klaren unmittelbaren (d. h. direkten) positiven Zusammenhang zwischen den Testosterongrundwerten und der Aggression von Jungen nach der Pubertät. [S. 606]
    - richtig
    - falsch
30. Die im Durchschnitt bessere räumliche Vorstellung von Jungen im Grundschulalter erklärt die Unterschiede der Relation zwischen weiblichen und männlichen Studierenden in naturwissenschaftlichen und technischen Studiengängen.
    - richtig
    - falsch

15.4 Zur Vertiefung

- **Kennen Sie den Fall „David Reimer"?**
  - Informieren Sie sich im Internet über diesen äußerst populären Fall und seine Auswirkungen auf die Medizin und Geschlechterforschung. [Aufgabe 15.1]

- **Weiterführende Literatur (wegweisend für die heutigen Gender Studies)**
  - Butler, J. (1991). *Das Unbehagen der Geschlechter*. Frankfurt a. M.: Suhrkamp. [Aufgabe 15.21]

Beispielklausur mit Bewertungsmaßstab

M. Stolarova, S. Pauen, *Prüfungstrainer zur Entwicklungspsychologie im Kindes- und Jugendalter*,
https://doi.org/10.1007/978-3-662-59392-9_16

16.1 Klausur

Matrikelnummer: ______________________

Klausur im Fach: ______________________

Semester und Jahr: ______________________

Prüfer: ______________________ (Namen aller beteiligten Prüfer)

Bitten denken Sie daran, dass Sie für diese Klausur 90 Minuten Zeit haben. Die Klausur besteht aus folgenden Teilen:

1. Methoden in der Entwicklungspsychologie (15 Punkte)
2. Entwicklungspsychologie des Kindes- und Jugendalters (45 Punkte)

Die Multiple-Choice-/Multiple-Select-Fragen können mehr als eine richtige Antwortmöglichkeit beinhalten. Es ist auch möglich, dass alle oder keine der Optionen richtig sind.

Die Richtig-falsch-Fragen sollten Ihnen eine eindeutige Antwort ermöglichen. Sollten Sie jedoch einzelne Aussagen als extrem mehrdeutig empfinden und daher nach Ihrer Kenntnis beide Antwortoptionen gleich wahrscheinlich sein, wählen Sie trotzdem eine aus und ergänzen Sie Ihre Antwort mit einer (sehr kurzen) Begründung.

Die offenen Fragen beantworten Sie bitte so kurz und klar wie möglich und gleichzeitig so detailliert, wie es nötig wäre, um Ihre Argumente und Aussagen nachvollziehbar zu begründen.

Wenn Sie Korrekturen vornehmen, markieren Sie diese bitte eindeutig: Wenn nicht ersichtlich ist, welche Option(en) Sie gewählt haben, kann die Antwort nicht gewertet werden.

Benutzen Sie bitte für Ihre Antworten zunächst diesen Klausurblock. Wenn Sie mehr Platz benötigen, als für einzelne Fragen vorgesehen wurde, schreiben Sie bitte auf der Rückseite des jeweiligen Blattes weiter. Schreiben Sie in diesem Fall dazu, dass Ihre Antwort nicht vollständig ist und nummerieren Sie die einzelnen Textbausteine so, dass diese eindeutig einer Frage zugeordnet werden können.

Betrugsversuche lohnen sich nicht und können Sie in ernsthafte Schwierigkeiten bringen.

Bitte schreiben Sie leserlich und formulieren Sie möglichst unmissverständlich.

Viel Erfolg!

Die Beispielklausur finden Sie in ◘ Tab. 16.1.

Durch eine passende Karikatur, ein treffendes Zitat oder Ähnliches kann an dieser Stelle die Stimmung etwas aufgelockert werden. Dabei ist jedoch das Copyright zu beachten!

Tab. 16.1 Beispielklausur

	Fragen (und Antworten)	Erreichte Punkte	Punkte Max.
Teil 1: Methoden in der Entwicklungspsychologie			
1.	Der Intelligenzquotient (IQ) ist ________ ____________________ ____________________ ____________________		2
2.	In einer Normalverteilung a. liegen ca. 68 % der Messwerte innerhalb einer Standardabweichung links und rechts vom Mittelwert entfernt. b. ist der Mittelwert immer 100. c. liegen ca. 95 % der Messwerte innerhalb von zwei Standardabweichungen links und rechts vom Mittelwert entfernt. d. sind die Messwerte symmetrisch um den Mittelwert verteilt. e. sinkt die Wahrscheinlichkeit, dass ein bestimmter Messwert erreicht wird mit zunehmender Entfernung vom Mittelwert. f. entspricht eine Standardabweichung immer 15 Punkten. g. liegen die meisten Messwerte nah am Mittelwert.		1
3.	Was ist der Unterschied zwischen korrelativen und kausalen Zusammenhängen? Welche Art wird in der Entwicklungspsychologie häufiger untersucht und warum? ____________________ ____________________ ____________________ ____________________ ____________________ ____________________ ____________________ ____________________ ____________________ ____________________ ____________________		3

(Fortsetzung)

Tab. 16.1 (Fortsetzung)

	Fragen (und Antworten)	Erreichte Punkte	Punkte Max.
4.	Welche Aussage(n) trifft/treffen auf Querschnittstudien zu? a. In Querschnittstudien werden Kinder über längere Zeit wiederholt untersucht. b. In Querschnittstudien sind Altersunterschiede häufig damit konfundiert, dass die unterschiedlich alten Kinder auch unterschiedlichen Kohorten angehören. c. In Querschnittstudien werden Kinder unterschiedlichen Alters zu einem Zeitpunkt untersucht. d. Querschnittstudien erlauben keine Aussagen über die Stabilität individueller Unterschiede im Zeitverlauf.		2
5.	Entwicklung im Sinne der Entwicklungspsychologie bezeichnet jede Veränderung, solange sie das Erleben und Verhalten von Menschen betrifft. - richtig - falsch		1
6.	Definieren Sie die Begriffe „Reliabilität" und „Validität" und nennen Sie zu diesen jeweils ein Beispiel aus der Entwicklungspsychologie. ______________________________ ______________________________ ______________________________ ______________________________ ______________________________ ______________________________ ______________________________ ______________________________ ______________________________ ______________________________ ______________________________ ______________________________ ______________________________ ______________________________ ______________________________		3
7.	Experimentelle Studien mit Kindern, die die Wirksamkeit bestimmter Interventionen überprüfen sollen, benötigen keine Kontrollgruppe. - richtig - falsch		1

(Fortsetzung)

Tab. 16.1 (Fortsetzung)

	Fragen (und Antworten)	Erreichte Punkte	Punkte Max.
8.	Die Aufzeichnung elektrophysiologischer Aktivität ist eine nichtinvasive Untersuchungsmethode, die auch bei Babys und Kindern angewandt wird. - richtig - falsch		1
9.	Habituationsparadigmen geben Auskunft über a. die angeborenen Präferenzen des Neugeborenen. b. die Fähigkeit des Säuglings, zwischen zwei Arten von Stimuli zu unterscheiden. c. grundlegende Mechanismen des Lernens und des Gedächtnisses. d. die Gefühle, die Säuglinge gegenüber bestimmten Arten von Stimuli empfinden.		1
	Punktzahl Teil 1:		15
Teil 2: Entwicklungspsychologie des Kindes- und des Jugendalters			
10.	In Gesetzestexten findet man häufig die Angabe „Alter ab Nidation", während Mediziner meistens von „Schwangerschaftswochen (SSW)" sprechen. Ab welchem Zeitpunkt wird jeweils das Alter eines Fötus berechnet, und wie viele Wochen beträgt der Unterschied zwischen den beiden Altersangaben ungefähr? ____________________ ____________________ ____________________ ____________________ ____________________ ____________________ ____________________ ____________________ ____________________ ____________________ ____________________ ____________________ ____________________		2

(Fortsetzung)

Tab. 16.1 (Fortsetzung)

	Fragen (und Antworten)	Erreichte Punkte	Punkte Max.
11.	Zu den im Mutterleib erworbenen Fähigkeiten gehören unter anderem a. die Fähigkeit, in der Melodie der eigenen Muttersprache zu schreien. b. die Unterscheidung der mütterlichen Stimme und der Melodie der Muttersprache. c. die Präferenz für klassische Musik. d. konkrete, teilweise erfahrungsabhängige Geruchs- und Geschmackspräferenzen.		1
12.	Neuere wissenschaftliche Studien zeigen, dass a. geringe Mengen Alkohol während der Schwangerschaft keine nachteiligen Entwicklungseffekte für das Baby haben, wenn sie zur Entspannung der werdenden Mutter beitragen. b. Frauen, die viel rauchen, sich das Rauchen ganz allmählich im Verlauf des ersten Trimesters abgewöhnen sollten, um den Embryo nicht den Risiken eines Nikotinentzugs auszusetzen. c. Passivrauchen keine Auswirkungen auf die Sauerstoffversorgung des ungeborenen Kindes hat. d. das Rauchen der Eltern während und nach der Schwangerschaft die Gefahr des plötzlichen Kindstods um ein Vielfaches erhöht.		1

(Fortsetzung)

■ Tab. 16.1 (Fortsetzung)

	Fragen (und Antworten)	Erreichte Punkte	Punkte Max.
13.	Eine Grundschullehrerin erklärt Ihnen, dass die Erblichkeit bei Intelligenz und vielen einzelnen kognitiven Leistungen in etwa 50 % beträgt. Daher sei die Leistungsfähigkeit bei der Hälfte aller Kinder in jeder Klasse genetisch vorbestimmt. Aufgrund ihrer langjährigen Erfahrung könne sie recht schnell bestimmen, welche Kinder das seien, und wüsste, dass bei ihnen gezielte Förderungsbemühungen zwecklos seien. Wie erklären Sie ihr den erblichen Einfluss auf die kindliche Intelligenz?		3

(Fortsetzung)

Tab. 16.1 (Fortsetzung)

	Fragen (und Antworten)	**Erreichte Punkte**	**Punkte Max.**
14.	Ein dominantes Allel ist ____________.		1
15.	Auch deutliches Übergewicht verwächst sich bei Kindern und Jugendlichen meistens. Daher ist es kein ernst zu nehmendes Problem. - richtig - falsch		1
16.	Formulieren Sie vier Kritikpunkte an Piagets Entwicklungsmodell und nennen Sie je einen theoretischen Ansatz, der die jeweilige Schwäche zu überwinden versucht. ____________________		5

(Fortsetzung)

■ Tab. 16.1 (Fortsetzung)

	Fragen (und Antworten)	Erreichte Punkte	Punkte Max.
17.	Welche(r) der folgenden Aspekte ist/sind zentrale(r) Bestandteil(e) soziokultureller Theorien? a. Gelenkte Partizipation b. Geteilte Aufmerksamkeit c. Rehearsal d. Selektive Aufmerksamkeit e. Soziale Stützung (scaffolding) f. Intersubjektivität		2
18.	Der Zeitpunkt, zu dem Säuglinge beginnen zu krabbeln, ist ein zuverlässiger Prädikator für ihre kognitive Entwicklung. - richtig - falsch		1
19.	Die Eltern eines zweijährigen Jungens wenden sich an Sie, weil sie sich Sorgen um die sprachliche Entwicklung ihres Sohnes machen. Welche Meilensteine erfragen Sie, um einzuschätzen, ob es sinnvoll wäre, den Kinderarzt bei nächster Gelegenheit darauf anzusprechen? ____________________		4

(Fortsetzung)

Tab. 16.1 (Fortsetzung)

	Fragen (und Antworten)	Erreichte Punkte	Punkte Max.
20.	Damit der Spracherwerb gelingt, sollten Kinder zuerst eine Sprache richtig sprechen lernen, bevor sie zusätzlich eine zweite lernen. - richtig - falsch		1
21.	Die Entwicklung des kindlichen Verständnisses für Zukunft und Vergangenheit erfährt in den ersten fünf Jahren keine qualitativ bedeutsamen Veränderungen. - richtig - falsch		1
22.	Alfred Binet entwickelte den ersten Intelligenztest für Kinder, um hochbegabte Schüler identifizieren zu können. - richtig - falsch		1
23.	Ein anderer Begriff für Rechenschwäche ist a. Dyslexie. b. Dyskalkulie. c. Dysnumerie. d. Dystrophie. e. Dysgrafie.		1

(Fortsetzung)

Tab. 16.1 (Fortsetzung)

	Fragen (und Antworten)	Erreichte Punkte	Punkte Max.
24.	Intelligenztests sollen Intelligenz als Konzept erfassen, gleichzeitig wird häufig behauptet, Intelligenz sei das, was der Intelligenztest misst. Beziehen Sie Stellung zu diesen kontroversen Aussagen. Finden Sie dabei jeweils mindestens drei Argumente, die für die Nützlichkeit von Intelligenztests sprechen, und drei, die auf Schwierigkeiten beim Einsatz und der Interpretation hinweisen.		4

(Fortsetzung)

Tab. 16.1 (Fortsetzung)

	Fragen (und Antworten)	Erreichte Punkte	Punkte Max.
25.	Stellen Sie sich vor, Freud und Watson würden sich darüber unterhalten, welche Mechanismen die kindliche Entwicklung bestimmen. Welche Ansicht würden die beiden Theoretiker jeweils vertreten und welche Beispiele würden sie vermutlich als (vermeintliche) Beweise ihrer Theorien anführen?		5

(Fortsetzung)

Tab. 16.1 (Fortsetzung)

	Fragen (und Antworten)	Erreichte Punkte	Punkte Max.
26.	Albert Bandura nahm an, dass soziales Lernen notwendigerweise auf Verstärkung und Bestrafung beruhen muss. - richtig - falsch		1
27.	Sensitive Eltern von Säuglingen unter zwei Monaten können leicht und zuverlässig unterscheiden, ob der Säugling Trauer, Angst oder Wut ausdrückt. - richtig - falsch		1
28.	Welche der folgenden Theoretiker beschäftigten sich mit dem Bindungskonzept und mit Bindungsvoraussetzungen? a. John B. Watson b. Rene Spitz c. Maria Montessori d. Mary Ainsworth e. Burrhus F. Skinner f. John Bowlby g. Ivan P. Pawlow h. Jean Piaget i. Harry Harlow		2
29.	Welche der folgenden Formen des Zusammenlebens können als Familie im Sinne der Entwicklungspsychologie gesehen werden? a. Ein verheiratetes, heterosexuelles Paar mit Kind(ern) b. Ein verheiratetes, heterosexuelles Paar ohne Kind(er) c. Ein gleichgeschlechtliches Paar mit Kind(ern) d. Ein kinderloses, „verpartnertes", gleichgeschlechtliches Paar e. Eine alleinstehende Frau und ihr(e) Kind(er) f. Vater, Sohn und Großvater, unabhängig davon, ob sie in einem Haushalt leben oder nicht g. Die Großeltern, ihre erwachsenen Kinder mit Partnern und ggf. Enkelkinder		1

(Fortsetzung)

Tab. 16.1 (Fortsetzung)

	Fragen (und Antworten)	Erreichte Punkte	Punkte Max.
30.	Regelmäßige, außerfamiliäre Tagesbetreuung vor dem vollendeten ersten Lebensjahr schadet grundsätzlich der Mutter-Kind-Bindung und wirkt sich potenziell negativ auf die soziale Anpassungsfähigkeit des Kindes bis in das Grundschulalter hinein aus. - richtig - falsch		1
31.	Zu den Stufen der Geschlechterentwicklung nach Kohlberg gehören a. Geschlechtsidentität b. Geschlechtsstabilität c. Geschlechterschemata d. Geschlechtsrolle e. Geschlechtskonstanz f. Geschlechtstoleranz g. Geschlechtsassimilation		1
32.	Sie lesen in einem Artikel, dass Mädchen mit sechs Jahren sprachlich kompetenter sind als Jungen. Nun wissen Sie mit ziemlicher Sicherheit, dass a. die meisten sechsjährigen Mädchen einen besseren Wortschatz haben als die meisten sechsjährigen Jungen. b. mehr als die Hälfte aller Mädchen überdurchschnittlich sprachbegabt ist. c. es biologisch-genetische Ursachen dafür gibt, dass Jungen im Durchschnitt sprachlich schlechter abschneiden als Mädchen. d. Mädchen besser lesen als Jungen. e. es im Durchschnitt bei einer nicht näher definierten sprachlichen Leistung statistisch signifikante Unterschiede zwischen sechsjährigen Mädchen und Jungen gibt. f. die Überlappung der Stichproben von Mädchen und Jungen bezüglich einer nicht näher definierten sprachlichen Leistung weniger als 80 % beträgt. g. Jungen ein höheres Risiko für spezifische Sprachentwicklungsstörungen aufweisen.		2

(Fortsetzung)

■ Tab. 16.1 (Fortsetzung)

	Fragen (und Antworten)	Erreichte Punkte	Punkte Max.
33.	Alle Babys werden mit eindeutig weiblichem oder männlichem (biologischem) Geschlecht geboren, äußerlich ist dieses an der Form der Genitalien zu erkennen. - richtig - falsch		1
34.	Die elterlichen Erwartungen können kindliche Leistungen in bestimmten schulisch relevanten Gebieten teilweise besser statistisch vorhersagen als die konkreten Leistungen der Kinder zu früheren Zeitpunkten. - richtig - falsch		1
	Punktzahl Teil 2:		45
	Gesamtpunktzahl:		
	Note:		
	Rückmeldung und Erläuterungen: ____________________ ____________________ ____________________ ____________________ ____________________ ____________________ ____________________ ____________________ ____________________ ____________________ Unterschrift Prüfer/-in: ____________________		

16.2 Bewertungsmaßstab

Klausur Entwicklungspsychologie											
Noten	1	1,3	1,7	2	2,3	2,7	3	3,3	3,7	4	5
Häufigkeit	6	14	7	7	9	3	4	5	3	1	4
Mittelwert	2,253125										
Standardabweichung	1,07555357										
Median	2										

Antworten auf die geschlossenen Fragen

M. Stolarova, S. Pauen, *Prüfungstrainer zur Entwicklungspsychologie im Kindes- und Jugendalter*,
https://doi.org/10.1007/978-3-662-59392-9_17

17.1 Antworten zu ► Kap. 1 – Die Entwicklung von Kindern: Eine Einführung

17.1.1 Multiple Response

17. b
18. b, c, d
19. b, d
20. b
21. c

17.1.2 Richtig oder falsch?

22. falsch
23. falsch
24. richtig
25. falsch
26. falsch

17.2 Antworten zu ► Kap. 2 – Pränatale Entwicklung, Geburt und das Neugeborene

17.2.1 Multiple Response

13. a, b, c, d
14. a, b, d
15. d
16. b, c
17. a, c, d, e
18. c

17.2.2 Richtig oder falsch?

19. falsch
20. richtig
21. falsch
22. richtig
23. falsch
24. falsch
25. falsch
26. falsch

27. falsch
28. richtig
29. falsch
30. falsch
31. falsch
32. falsch
33. falsch
34. falsch
35. richtig
36. falsch
37. falsch
38. falsch
39. falsch

17.3 Antworten zu ▸ Kap. 3 – Biologie und Verhalten

17.3.1 Multiple Response

18. b
19. a, c, e
20. c
21. c
22. a, b, c
23. b

17.3.2 Richtig oder falsch?

24. falsch
25. richtig
26. falsch
27. falsch
28. richtig
29. falsch
30. richtig
31. falsch
32. richtig
33. falsch
34. richtig
35. richtig
36. falsch
37. richtig

17.4 Antworten zu ▸ Kap. 4 – Theorien der kognitiven Entwicklung

17.4.1 Multiple Response

19. b, d
20. c
21. a, b, e, f
22. c, d, e, f
23. b

17.4.2 Richtig oder falsch?

24. falsch
25. falsch
26. richtig
27. richtig
28. richtig

17.5 Antworten zu ▸ Kap. 5 – Die frühe Kindheit – Sehen, Denken, Tun

17.5.1 Multiple Response

16. b
17. a, b, c, d, e, f, g, h, i
18. a, b, c, d, e, f

17.5.2 Richtig oder falsch?

19. falsch
20. falsch
21. falsch
22. richtig
23. richtig
24. falsch
25. falsch
26. falsch

17.6 Antworten zu ▸ Kap. 6 – Die Entwicklung des Sprach- und Symbolgebrauchs

17.6.1 Multiple Response

21. a, c, d
22. d, e
23. a, c, d, e
24. b

17.6.2 Richtig oder falsch?

25. richtig
26. richtig
27. falsch
28. falsch
29. richtig
30. falsch
31. falsch
32. falsch
33. falsch

17.7 Antworten zu ▸ Kap. 7 – Die Entwicklung von Konzepten

17.7.1 Multiple Response

17. c
18. a, b, e, f
19. c

17.7.2 Richtig oder falsch?

20. falsch
21. falsch
22. richtig
23. falsch
24. falsch

17.8 Antworten zu ▸ Kap. 8 – Intelligenz und schulische Leistungen

17.8.1 Multiple Response

20. d, h, j, k, l, m
21. a, c, d, e, g
22. Keine der Antworten ist richtig.
23. a, c, d, f
24. a, b, d
25. a, c
26. b

17.8.2 Richtig oder falsch?

27. falsch
28. richtig
29. falsch
30. richtig
31. richtig
32. richtig
33. falsch
34. falsch
35. richtig
36. falsch
37. richtig
38. falsch
39. falsch
40. falsch
41. falsch
42. falsch
43. falsch
44. falsch

17.9 Antworten zu ▸ Kap. 9 – Theorien der sozialen Entwicklung

17.9.1 Multiple Response

31. c, e
32. b, d, e, g
33. b, e, f
34. a, d

17.9.2 Richtig oder falsch?

35. falsch
36. falsch
37. falsch
38. falsch
39. richtig
40. falsch
41. falsch
42. richtig

17.10 Antworten zu ► Kap. 10 – Emotionale Entwicklung

17.10.1 Multiple Response

14. b, d, e
15. b, c
16. c, d

17.10.2 Richtig oder falsch?

17. falsch
18. falsch
19. falsch
20. falsch
21. richtig
22. falsch
23. falsch
24. richtig
25. falsch
26. richtig
27. richtig
28. falsch
29. falsch

17.11 Antworten zu ► Kap. 11 – Bindung und die Entwicklung des Selbst

17.11.1 Multiple Response

18. b, d, f, i
19. b, d
20. a, b, c, d, e
21. b

17.11.2 Richtig oder falsch?

22. richtig
23. richtig
24. falsch
25. richtig
26. falsch
27. falsch
28. falsch
29. falsch
30. falsch
31. falsch
32. falsch

17.12 Antworten zu ▸ Kap. 12 – Die Familie

17.12.1 Multiple Response

13. c
14. a, b, c, d, e, f, g
15. b, c, e, f
16. keine richtige Antwort

17.12.2 Richtig oder falsch?

17. falsch
18. falsch
19. falsch
20. falsch
21. richtig
22. richtig
23. richtig
24. falsch
25. falsch
26. richtig
27. falsch
28. falsch
29. falsch
30. falsch
31. falsch

17.13 Antworten zu ► Kap. 13 – Beziehungen zu Gleichaltrigen

17.13.1 Multiple Response

15. g, k

17.13.2 Richtig oder falsch?

16. falsch
17. richtig
18. richtig
19. richtig
20. richtig
21. falsch
22. richtig
23. falsch
24. richtig
25. falsch
26. richtig

17.14 Antworten zu ► Kap. 14 – Moralentwicklung

17.14.1 Multiple Response

12. a, e, h
13. a, b, c
14. a, b, c, e

17.14.2 Richtig oder falsch?

15. falsch
16. falsch
17. richtig
18. richtig
19. richtig

17.15 Antworten zu ▸ Kap. 15 – Die Entwicklung der Geschlechter

17.15.1 Multiple Response

16. a, b, c, d
17. a, b, e
18. b
19. e

17.15.2 Richtig oder falsch?

20. falsch
21. falsch
22. richtig
23. falsch
24. richtig
25. falsch
26. falsch
27. falsch
28. richtig
29. falsch
30. falsch

Printed by Books on Demand, Germany